普通高校体育课程教学实施与目标实现

刘萍　赵建新　雷萌萌　著

吉林人民出版社

图书在版编目（CIP）数据

普通高校体育课程教学实施与目标实现 / 刘萍， 赵
建新， 雷萌萌著.-- 长春：吉林人民出版社， 2023.10
ISBN 978-7-206-20681-8

Ⅰ.①普… Ⅱ.①刘… ②赵… ③雷… Ⅲ.①体育教
学－教学研究－高等学校 Ⅳ.①G807.4

中国国家版本馆 CIP 数据核字（2023）第 214328 号

普通高校体育课程教学实施与目标实现

PUTONG GAOXIAO TIYU KECHENG JIAOXUE SHISHI YU MUBIAO SHIXAIN

著　　者：刘　萍　赵建新　雷萌萌
责任编辑：衣　兵　　　　　　　　封面设计：牧野春晖
出版发行：吉林人民出版社（长春市人民大街 7548 号　邮政编码：130022）
印　　刷：长春市华远印务有限公司
开　　本：710mm×1000mm　　　1/16
印　　张：9　　　　　　　　　字　　数：200 千字
标准书号：ISBN 978-7-206-20681-8
版　　次：2024 年 1 月第 1 版　　　印　　次：2024 年 1 月第 1 次印刷
定　　价：79.00 元

前　言

　　2022 年 3 月 25 日，教育部发布《义务教育体育与健康课程标准（2022年版）》，于秋季学期开始正式施行。作为未来十年我国基础体育教育发展的纲领性文件，其指出以培养学生体育素养为目标，让学生通过体育与健康课程学习而逐步形成正确价值观、必备品格和关键能力，包括运动能力、健康行为和体育品德等。

　　学生体育素养的培育旨在让个体在复杂的社会环境中借助自身的知识储备与能力水平切实解决学习、生活中所遇到的种种问题，从而避免因能力水平单一、能力不均衡发展导致的一些不必要的困难。因此，贯彻先进教育理念，即教师在教学中遵循学科教学规律，根据学生的特点选择适当的教学方法，旨在完成专业教育目标的同时，确保学生德智体美劳的全面发展，进一步提升学生解决实际问题的能力。

　　提升学生的体育素养是十分紧迫且必要的。一是迎合时代发展趋势的需要。让体育课程的开展更加贴合社会对学生的要求，通过培养学生良好的运动习惯，提升学生的身体素质和心理素质，使其具备良好的适应能力与承受能力。二是在学生自我意识的发展与社会适应能力的提升之间寻求平衡的需要。当前大学生的自我意识觉醒程度较强，常会因此忽略自身融入社会的能力，阻碍了自身健康全面的成长。而在普通高校体育教学中倡导体育素养教育，会有效缓解学生的个性发展与能力水平提升之间的矛盾，从而促进学生的全面发展。

　　本书在撰写过程中参考了国内外众多专家学者的研究成果，在此表示诚挚的感谢！由于时间和精力的限制，本书内容难免存在疏漏之处，恳请广大读者予以批评指正！

作　者

2023 年 5 月

目 录

第一章　普通高校体育学科核心素养的构建

　　无论是从国际发展趋势还是从国内基础教育课程改革的现实情况来看，构建属于中国自己的核心素养体系是我国近年来的主要任务，这在教育部颁布的《关于全面深化课程改革落实立德树人根本任务的意见》文件中已经进行了明确的阐述。这虽然是在官方文件中第一次如此清晰地提出工作任务，但实际上我国学者对具有中国特色的核心素养体系构建早已开始，并逐渐开始进入规范化、系统化和全面发展阶段。

　　体育学科作为学校课程体系的重要组成部分，跟随国家基础教育课程改革的大潮流，构建中国特色的体育学科核心素养体系也成为核心任务。由官方公布的、具有中国特色的体育学科核心素养的提出，在外界看来更多是一份文件的颁布，是一项工作的实施，但实际上并非如此。

　　中国体育学科核心素养的构建，绝不仅仅是国家对外发布的一份文件，其背后有着我国顶级体育教育研究团队长期的理论探索与实证研究，严格遵循了科学研究的基本程序，具有非常强的科学性、规范性和统整性。体育学科核心素养的构建机制和相应的思路，展示了中国在以核心素养为导向的课程改革中的价值导向、实践路向与操作体系，体现了中国风格和中国特色。

第一节　普通高校体育学科核心素养的构建思路

　　基于体育学科核心素养的构建机制，随之而来的即是形成体育学科核心素养的构建思路。构建思路是研究、分析和形成中国体育学科核心素养的基本操作指向，思路是否全面和科学在很大程度上决定着所构建的体育学科核心素养是否被社会所接纳和认同。中国体育学科核心素养的构建是一个科学、民主和反复的过程，是一个集思广益的集体结晶。

一、探寻体育学科核心素养的理论基础

理论在事物发展过程中起着重要的指导作用，在体育学科核心素养构建的过程中，不仅要依靠经验的总结，而且更要高度重视理论基础的作用。与指向实践操作的问题驱动相比较，重视本质和原理分析的理论驱动能够更加深入地理解事物的发展规律。基于此，探寻理论对体育学科核心素养构建的指导至关重要。

马克思主义理论是万物发展的理论基础，同样也对体育学科核心素养的构建产生理论指导作用。存在先于本质，人存在的本质是人在不同环境中积累的经验的结果。

随着人们对周围世界的熟悉，开始意识到可以拥有各种各样的能力与世界互动。互动是生命的关键，是人类发展的动力。因此，人类本性中能够与世界互动的所有方方面面都是应该为实现充分发展的人类存在而培养的关键能力。存在主义的核心原则是具体化行动与环境之间在本质上相互关联的关系，这意味着在任何教育活动中，环境应该为参与者提供有意义的体验。因此，应该通过在一系列体育环境中进行有意义的身体活动和互动来鼓励个人重视素养的养成。而"体育学科核心素养"的构建及其实施，应该强调为学生创造良好的环境，促进物质环境和人文环境共同发挥作用。

在现象学方面，现象学家认为感知是相互作用的重要因素。人类工作的一个重要基础是，我们是从过去的交互作用的背景下来感知世界的。由于我们每个人都将自己过去的互动经验带到了现在的情境中，我们每个人都会从个人独特的角度来看待这个情境。由于我们的具身体验在几乎每一次互动中都有内在的参与，因此我们的具身体验将会显著地影响我们的感知。具身体验是人类存在的一部分，我们从一个具身的人的角度看世界。

因此，在我们对世界——有生命和无生命特征的世界的理解中，具身性的经验与所有其他经验一样重要。现在的研究表明，在早期，实体交互是最重要的交互媒介，而且它的价值贯穿整个生命，因为实体交互为我们与他人和世界的大多数联系提供了背景。因此，现象学意味着在任何的身体活动中，我们都要考虑参与者的内在体验。

同样的，"体育学科核心素养"的构建，也重视参与者的内在体验性，强调"以学生发展为中心"，强调满足学生的主观需求和感受，重视学生的个体差异，重视学生在体育运动中集合自身的感觉、知觉、思维、情绪等提高身体的自我认知，获得情感体验，磨炼意志，达到完善个性、塑造人格的教育目的。

二、梳理国内外体育学科核心素养研究文献

研究者基于个人兴趣对体育学科核心素养的研究虽然存在非系统化的问题，但其中所蕴含的观点在中国体育学科核心素养构建过程中应该引起重视。因此，当前国内外有关体育学科核心素养的研究文献，为构建中国体育学科核心素养奠定了文献基础。

从国内的研究来看，我国关于体育素养的研究始于 20 世纪 80 年代末至 90 年代初，随着素质教育和学校体育改革的兴起，体育素养的研究应运而生。

而从国外的研究来看，有研究者采用基于 Cite Space 分析软件，以学界公认的最权威的"Webof Science 核心合集"收录的文献为数据来源，以"physical literacy"为主题词，在"文献类型"选择中以"Article"进行英文文献检索，发现第一篇论文发表的时间为 1991 年。[①]由此可见，国内外有关体育学科核心素养的研究启动时间比较接近，说明全世界体育教育改革虽然存在差异，但在问题聚焦方面存在一定的同步性。而梳理国内外这些有关体育学科核心素养的研究，是构建体育学科核心素养的基础性工作。

在国内有关体育学科核心素养的文献梳理方面，对中国知网、万方、维普、超星数字图书馆、人大报刊资料等中文数据库进行广泛搜索，通过图书馆对全国各地出版的有关核心素养的教材与著作进行查询。通过对获得的这些中文文献进行整理分析，了解国内有关体育学科核心素养的理论基础、主要观点、构成要素、发展现状、存在问题、未来趋势等，随后基于这些研究进展提出中国体育学科核心素养的初步构想。

在国外有关体育学科核心素养的文献梳理方面，不仅在 Academic Search Completea Education Full Text Medline、PubMed、PsycINFO、SportDiscus、Eric 等数据库查阅了大量的与学科核心素养主题相关的英文论文，而且还通过《运动与锻炼研究季刊》(*Research Quarterly for Exercise*

---

① 王晓刚. 国际体育素养研究的前沿热点、主题聚类与拓展空间[J]. 北京体育大学学报，2019（10）：102.

and Sport，RQES）、《体育教学研究杂志》（*Journal of Teaching in Physical Education*，JTPE）、《欧洲体育教育评论》（*European Physical Education Review*，EPER）、《体育教育与教学法》（*Physical Education and Sport Pedagogy*，PESP）、《运动、教育与社会》（*Sport、Education and Society*，SES）、《探索》（Quest）、《运动科学评论》（*Kinesiology Review*，KR）《体育教师教育者》（*Physical Educator*，PE）、《体育教育、娱乐与舞蹈杂志》（*Journal of Physical Education，Recreation and Dance*，JPERD）、《运动与健康科学》（*Journal of Sport and Health Science*，JSHS）等当今国际体育教育的主流杂志官方网站，下载了大量与核心素养研究主题相关的文章并逐一阅读。

三、遵循学生全面健康发展的内在规律

作为面向学生的体育学科核心素养，其构成必须要符合学生全面健康发展的内在规律，如果核心素养要求与学生的身心发展不匹配，就不会对学生的体育学习产生实际指导作用。

众所周知，每个年龄段的学生都有各自的身心发展特点，在体育与健康教学中，教师能否根据特定年龄段学生身体、心理等方面表现出的特点进行教学设计，对于能否促进学生健康发展有着至关重要的影响。比如，与小学阶段相比，中学阶段的学生正值青春发育期，其身体、心理等发展方面都较小学阶段的学生有了更大的变化。为此，体育教师在教学过程中，就有必要了解不同学段学生在身体、心理方面表现出的特点，有针对性地实施体育与健康教学，以促进学生身心健康发展。但前提是体育教师要知道不同身心发展阶段学生的体育学科核心素养有什么要求，才能在此基础上开展相应的教学设计与教学实施。

不同年龄段学生的身心发展规律存在很大的区别，体现在神经系统、运动系统、内分泌系统和生殖系统、氧运输系统、供能系统、认知水平、情感和意志、个性与社会性的发展等方面。

总体而言，初中生的情感内容会随着年龄的增大而日益丰富和深化；高中生的情感特点表现为情绪高亢，充满热情和激情，活泼向上；情感活动两极分化明显，表现强烈、转化迅速；情感社会性变得越来越深刻，道德感、理智感、美感的内容与水平日益丰富和提高；情绪活动比较外露，随着年龄的增长，会变得越来越复杂而且隐蔽；大学生的情绪表现更为丰富，情绪的变化幅度大，而且不稳定，并且会让他们在很长的时

间内停留在某种情绪之中。此外，大学生个人的性生理和性心理的需求与社会规范要求和个人自我约束机制出现了冲突，这容易导致他们情绪不稳定。①

以上学生在不同阶段的身心发展特点，不仅存在年龄的差异，而且也体现出学科差异，即不同的身心发展特点对不同学科的影响并不一样，而体育学科的特点又与其他学科有很大的差别，这便决定了对学生体育学习的期望值不仅存在年龄段差异，也存在学科差异。总之，通过分析学生的身心发展规律，为体育学科核心素养的构建提供了身心发展的依据，从而使得所构建的体育学科核心素养能够最大限度地符合学生的身心需求。

四、调研当前普通高校学生体育发展的现实需求

体育学科核心素养是为青少年学生的体育学习而服务的。因此，在构建体育学科核心素养过程中也要充分考虑当前我国普通高校体育发展的现实需求。而与普通高校体育发展密切相关的人士主要包括主管领导、体育教师、学生、家长和其他社会人员等，通过对他们进行调研，能够从多维角度了解大量信息，从而为体育学科核心素养的构建提供直接依据。

针对主管领导，主要包括全国各省市教育行政部门体卫艺处的负责人，他们长期负责本地区学校体育工作的顶层设计和宏观指导工作，对学校体育应该培养什么样的学生能够进行准确地把握。基于此，主要调研主管领导对国家教育政策和学校体育政策中对学生体育学习相关要求的精神的理解、如何在各地区的学校体育中有效贯彻国家相关政策的精神、本地区对推进国家政策采取了哪些措施、本地区学生的体育学习存在哪些特殊要求、当前学生的体育学习效果如何、在新时代背景下如何改进本地区的学校体育推进策略、如何通过体育课程与教学培养适应本地区经济社会发展需求的青少年学生等方面。

针对体育教师，主要包括全国各省市的体育教研员和各学校的一线体育教师，他们长期处于教学实践的最前沿，与学生紧密接触，对学生的体育学习情况有着充分的了解。基于此，主要调研体育教师对国家和地方学

---

① 林崇德. 21 世纪学生发展核心素养研究[M]. 北京：北京师范大学出版社，2016：191.

校体育相关政策的了解与执行情况、学校体育课程与教学的价值与基本理念、学校体育课程体系的整体设计与实施情况、学生体育学习效果（如运动技能水平、体质健康水平、体育学习兴趣、情感表现与合作精神、健康行为等）、学生在体育学习过程中所面临的典型问题和相应的解决策略、学生体育学习学业成就和评价方法手段等方面。

针对学生，应涵盖青少年在不同学段接受过体育课程的在校学生，他们是体育课程的实施与服务对象，是体育学习效果的亲身实践者，对学校体育课程开展情况有着深刻的了解。基于此，主要调研学生对体育的基本认知、对学校体育课程与教学体系完善程度的整体感受、对学校体育环境的感知、对自身接受体育课程与教学之后的效果评估（如体能水平、运动项目的技战术水平、参与体育比赛的情况、健康知识与技能的掌握情况、体育锻炼习惯的养成情况、体育品性培养等）、学校体育课程与教学存在的典型问题与改进策略等方面。

针对家长和其他社会人士，他们是青少年学生的监护人，对于学生身心健康发展状况和存在的问题有着清晰的认知，是学校体育的监督者，他们的观点代表着全国广大普通民众对学生体育学习的广泛期待。基于此，主要调研家长对学校体育价值的基本认知、学校体育课程与教学的实施情况和改进策略、学生身心健康水平的情况与面临的问题、学生体育学习的开展状况与需要改进之处、学生在接受体育学习之后应该在哪些方面有所收获、不同学段的学生体育学习侧重点如何与身心健康规律实现有效匹配等方面。

五、形成并对体育学科核心素养进行测评

基于上述多个方面的整体考虑，教育部组织专家对体育学科核心素养进行了整体构建，形成了包含运动能力、健康行为和体育品德三个方面的中国体育学科核心素养。

在形成初步的体育学科核心素养框架之后，在教育部的指导下，体育与健康课程标准修订组在全国各地进行了大规模的意见征求，对象包括教育行政领导、高校从事体育教育研究的专家、青少年体育教研员和体育教师等几类人群。总体而言，他们认为基于中国学生发展核心素养而提出的体育与健康学科核心素养，这是对学科价值的根本认识。体育学科核心素养的提出让人眼前一亮，立意高，在调研对象看来是颠覆性的、革命性的变革。因为传统的体育与健康课程学习过于注重知识与技能的传授，虽然学生掌握了运动技术，但并不意味着具备了运动能力，也不等于具备了运

动的素养。

实际上，当前我国青少年学生缺乏的正是体育的核心素养。通过循序渐进地培养学生的核心素养，将来一定会给体育与健康课程改革和发展带来重大的影响。同时，调研对象也对体育学科核心素养的名称、内涵与形式、等级水平划分等问题提出了相关意见，修订组则吸收这些意见对体育学科核心素养进行了完善。

在形成完善的体育学科核心素养之后，为了从测量学角度验证核心素养结构的有效性，在教育部的统一组织下对各个学科的核心素养进行了测评。各学科基于学科核心素养进行命题，并进行大规模的测试来获得学生实际表现的各类数据，用学生实际的表现来验证各学科课程标准中提出的学科核心素养的可测可评情况、各学科核心素养水平划分的适切性情况，评估核心素养内涵描述的精确性与合理性等，是为保证学科课程标准的科学性、适切性而进行的实证研究，是完善课程标准的坚实基础。通过对提出的体育学科核心素养进行测评，结果表明"体育学科核心素养不同维度均可评价、可测试；通过测试提取的体育学科核心素养特征与课程标准中的描述基本一致；体育学科核心素养各个维度、相应构成要素及水平的划分整体合理"。

因此，经过严格的心理学测评，证明了运动能力、健康行为和体育品德三个方面的体育学科核心素养是科学严谨和符合实际需求的，整体上反映了中国对学生经过体育学习之后应该具备的正确价值观、必备品格与关键能力的期望，因而最终形成了中国体育学科核心素养。

第二节　普通高校体育学科核心素养的三个维度

体育学科核心素养的正式提出，为普通高校体育教师开展体育与健康课程教学指明了方向，这三个方面的学科核心素养联系密切、相互影响，在体育与健康教育教学过程中得以全面发展，并在解决复杂情境的实际问题过程中整体发挥作用。上述表述主要是明确了三个方面学科核心素养之间存在紧密关系，但并未明确具体地提出三者之间的关系。

对于一线体育教师而言，清晰地理解三者之间的关系可能存在一定的难度，这样也可能会进一步导致在实践教学中出现偏差。因此，笔者对运动能力、健康行为和体育品德三个方面学科核心素养的关系进行了明确的定位，即"运动能力是形成健康行为和体育品德的基础，健康行为是发展运动能力和体育品德的核心，体育品德是提高运动能力和改进健康行为的保证"。

一、运动能力是形成健康行为和体育品德的基础

运动能力是体能、技战术能力和心理能力等在身体活动中的综合表现，是人类身体活动的基础。运动能力分为基本运动能力和专项运动能力。基本运动能力是从事生活、劳动和运动所必需的能力；专项运动能力是参与某项运动所需要的能力。运动能力的具体表现形式为体能状况、运动认知与技战术运用、体育展示与比赛。

由此可知，运动能力是个体进行身体活动的整体综合表现，其所具备的体能、技能、展示与比赛等表现形式，使得运动能力成为三个方面学科核心素养中最具有体育和运动特色的核心素养。具体而言，运动能力的基础性主要体现在以下几个方面：

（一）体育的身体练习特性决定了运动能力的基础性

在学校所有的学科课程中，"以身体练习为基本载体"的特性决定了体育与健康课程与其他课程的根本区别，当然这并不是说其他学科的课程就完全没有身体练习，也不是说体育与健康课程除了身体练习就不需要任何的智力性活动，只是说身体练习是体育与健康课程的内在特性。从这个角度而言，诸如电子竞技、围棋、桥牌等项目，即使目前将其纳入了体育的范畴，但从本质上来讲，并不属于真正的体育运动，更不属于体育与健康课程。虽然当前在很多学校开设了上述课程内容，但那充其量只能说是学校综合实践活动课程的一种，而不能说是体育课，因为这些活动缺乏以能量消耗为特点的身体活动练习。

从运动能力核心素养的具体表现形式"体能状况、运动认知与技战术运用、体育展示与比赛"可知，这些都以身体练习为基础。比如，就体能而言，通常将其划分为与健康密切相关的体能和与运动技能密切相关的体能，前者包括身体成分、心肺耐力、肌肉力量和肌肉耐力、柔韧性，后者包括灵敏性、平衡性、协调性、爆发力、速度和反应时，如果个体要提高上述任何一种体能的水平，都必须要以长期的特定身体练习和身体活动为基础，否则就不可能提高体能水平。对于提高体能水平的身体练习，还表现出身体练习的专业性，因为有的人长期从事农活但未必能够提高体能，

这是因为农活即使有身体练习，但并不专业，反而会带来身体的损害与人体运动能力的降低。

再比如，对于体育展示与比赛而言，如果要完成高水平的体育竞赛活动，则必须要以大量的身体练习为基础，比赛中的对抗与超越，在给人们带来惊险刺激和感官享受的同时，也将身体练习的特性凸显无遗。试想，如果体育与健康课中缺少了身体练习，那还能称之为体育与健康课吗？由此可见，体育的身体练习特性从多方面促进了运动能力的提升，而这又凸显了运动能力的基础性。

（二）运动能力是其他核心素养培育的基本载体

运动能力核心素养的培育主要是通过身体练习而获得，那么健康行为和体育品德核心素养的培育则需要借助运动能力这样的载体来实现。

首先，就健康行为而言，我国第八次基础教育课程改革，将过去的"体育"改为"体育与健康"，这实际上凸显了健康的重大意义。对于"体育与健康"的学科课程名称，虽然过去存在一些争议，但目前已经基本达成共识，即一方面是因为"体育为了健康"，即体育能够促进健康。当然，个体的健康受到遗传、饮食、营养、医疗卫生水平等多方面因素的影响，但不可否认体育是所有学科课程中与健康关系最为密切的一门课程。也就是说，我们不可能期望通过语文、数学、外语等学科课程的学习来促进学生的健康，即使这些学科也存在着这样的功能，但这并不是这些学科的主要功能；另一方面，也是因为体育融合了大量的健康教育知识。在"体育与健康"学科课程名称的引领下，通过体育运动的学习而促进健康行为素养的培育既符合国家政策，也符合学科特性。

其次，对于体育品德核心素养，则必须经过大量的体能练习、高超的运动技能学习和技战术应用、频繁的体育竞赛活动才能获得。如以勇敢顽强为例，如果学生没有经过大量的身体练习和体育活动而在运动竞赛中体会到身体的运动负荷和心理的巨大压力，没有体会到必须要经过坚持和克服困难才能取得胜利，没有体会到必须要学会赢得对手的尊重而体现自身的强大，那么学生就不可能变得勇敢顽强。而所有的这些活动体验，都必须要以参加体育运动和提高运动能力为载体，否则体育品德核心素养的提高终将是"空中楼阁"。

（三）运动能力使得核心素养的培育能够真正落地

体育与健康学科核心素养的培养，最后必须要落实到学生身上，扎扎实实地落实到学生的体育与健康课堂教学中。学生的体育与健康学习过程就是核心素养培养的过程，体育的学习与其他学科有着本质的区别，其以缄默性知识学习为主，以"具身认知"为特色，即知识、技能和方法的学习始终离不开身体的动作操练，甚至在很多时候不可言传只可意会，需要通过动作的表达来起到示范的作用。对于体育学习中的体验，旁人很难用语言精确地描述这种感觉，也需要学习个体通过自身的运动认知和感觉来感受。体育学习的这种特性给予外部他人的具体印象就是必须要有身体的运动才像体育学习，否则就不是真正的体育学习。

在这样的背景下，在体育与健康学习的过程中只有学生将运动能力表现出来之时，才能被外人真正认可为体育学习。在这一过程中，健康行为和体育品德核心素养也可能会随之落实，但这两个方面的学科核心素养落实并不是最直接的外部表现，甚至稍微有些隐含。也就是说，学生只有掌握了运动能力，具备了良好的体能水平、得到了较高的运动认知和技战术水平、拥有强大的展示和比赛能力，才能从最直接的感官上落实体育与健康学科核心素养。当然，体育课程教学的开展状况并不以他人的感官所感受到的外部现实为基础，但如果脱离了社会中他人的肯定，恐怕只会更加举步维艰。由此可知，当运动能力核心素养落地之时，才是三个方面学科核心素养落地的最直接的表现。

二、健康行为是发展运动能力和体育品德的核心

健康行为是增进身心健康和积极适应外部环境的综合表现，是提高健康意识、改善健康状况并逐渐形成健康文明生活方式的关键。健康行为包括养成良好的锻炼、饮食、作息和卫生习惯，控制体重，远离不良嗜好，预防运动损伤和疾病，消除运动疲劳，保持良好心态，适应自然和社会环境的能力等。健康行为的具体表现形式为体育锻炼意识与习惯、健康知识掌握与运用、情绪调控、环境适应。

由此可知，学生通过体育与健康学习的过程，应该要具备良好的锻炼意识和习惯，学会健康知识的运用，能够自如地调控自己的情绪和适应多种环境，最终形成健康文明的生活方式，而这是所有学科核心素养达成中最核心的素养。

（一）健康行为养成是体育与健康学习的核心追求

纵观我国基础教育课程发展的目标，从过去的基础知识和基本技能

的"双基"转向"基础知识、基本技能和基本方法"的"三基",进而过渡到"知识与技能、过程与方法、情感态度价值观"的"三维课程目标",再到当前的"三个方面学科核心素养",体现了教育界对学生体育学习终极追求的认识在不断深入。当我们审视体育与健康课程的目标时,就离不开对学生为什么要学习体育与健康课程的思考。当然,原因是多方面的,但当前学生存在的大量健康问题是最需要关注的核心问题。当前学生所面临的健康问题是非常严重的,众所周知从 1985 年开始,国家体育总局、教育部等部委每 5 年 1 次,共 6 次实施了全国大样本量的学生体质健康测评工作,一直到 2010 年的调研结果公示,大部分指标都呈现持续下滑的趋势。

近年来,教育部等部委对全国学生体质健康调研结果显示,学生的发育水平、肺活量、营养状况、身体素质等一些指标出现了一定的好转(如立定跳远、坐位体前屈成绩出现好转,耐力素质呈现"止跌"状况),但总体情况仍然非常不乐观。在心理健康方面,我国青少年有严重心理问题的比例高,其中 17.5%的青少年存在心理问题,3.1%的青少年有严重心理问题;63.3%的青少年心情低落,29.1%常紧张不安,31.7%有较多的愤怒感。此外,我国青少年抑郁问题普遍,超过 3 成的青少年有不同程度的抑郁,其中 23.4%存在轻度抑郁,13.1%存在严重抑郁。[①]

针对这些健康问题,通过体育与健康课程的学习力求得到解决是最基本的路径。作为体育工作者,我们都知道要彻底解决健康问题,最重要的不是让学生不出现某类影响健康的行为,而是要让学生养成良好的健康行为,因为只有具备了健康行为,才能形成良好的健康习惯和掌握健康管理的能力,也才能持久性地保持健康水平,从而消除学生所面临的健康问题。因此,从这个角度而言,健康行为养成是体育与健康学习的核心追求,也是永恒的追求。

(二)健康行为养成进一步提升了运动能力核心素养的价值

运动能力是三个方面学科核心素养培育的基础,但运动能力养成并不是最终目的。在现实生活中,也存在着很多运动能力很强但并不健康的个体,比如在足球、篮球、拳击等职业竞赛领域,存在着大量的高运动能力的运动员但身心都极其不健康的情况。因此,学生通过体育与健康课程的

---

① 季浏. 中国健康体育课程模式的思考与构建[J]. 北京体育大学学报. 2022(9):72.

学习需要提高运动能力，但仅仅提高运动能力还不够，更需要养成健康行为。此外，由于普通学生的体育与健康学习主要不是为了取得高水平的竞技运动成绩，更多是为了学生的全面健康成长，所以与更多聚焦于运动能力提升的竞技运动有着本质区别。也就是说，当体育教师仅仅将学生体育与健康学习的目标定位于运动能力提高时，这是不够全面也是层次不高的体现。

通过养成健康行为，可以进一步提升运动能力核心素养的层次。实际上，在过去多年的实践教学中，体育学科总是处于边缘地位，这正是因为体育课程的技术化和操作性，使得体育学科不够被重视，体育教师往往被无情地排除在教师群体之外。受到根深蒂固的社会文化价值观影响，与科学、数学等那些获得高自尊的学术性学科被认为是有效知识相比，体育等边缘性学科被认为缺少学术性的知识。

之所以出现体育学科被边缘化的现象，这与过去学校体育课程过于注重运动技术等的学习有着密切的关系，从而矮化了体育课程的价值与意义。运动能力核心素养的培养，更多起着载体和基础作用，而只有在运动能力的基础上提高了健康行为素养，才能使得人们看到体育课程对人的全面发展的独特价值，因为健康行为的养成和健康文明生活方式的形成是其他学科很难达成但又是非常关键的素养。

（三）健康行为养成为体育品德奠定了基础

品德即道德品质，是指个体依据一定的社会道德准则和规范行动时，对社会、他人和周围事物所表现出来的稳定的行为特征或倾向。体育品德指的是人们在体育活动中表现出来的道德品质，是体育活动的重要组成部分。社会所强调的道德品质在体育运动中都会关联，通过体育活动可以培养学生优秀的道德品质，在体育运动中培养起来的道德品质对社会的道德观念和行为规范也会起到积极的促进作用。从体育品德的特点可以看出，该核心素养更多是精神和观念层面的表现，这与健康行为能够实实在在被感知的特点相比，体育品德具有隐晦性。正是体育品德的这种特性，决定了体育品德必须要以实实在在的运动能力和健康行为为依托，尤其是健康行为起着非常重要的基础作用。

一个人品德的养成需要良好的行为进行指引。比如，一个长期睡懒觉、不讲卫生、不喜欢锻炼身体、毫无健康意识可言的人，我们很难期望该个体能够养成积极进取、挑战自我、追求卓越的精神。再比如，缺乏了良好情绪调控能力的个体，就会导致乱发脾气、对他人缺乏包容心，甚至产生严重的仇视他人的心理，这样的个体我们也不奢望他能够养成遵守规则、文明礼貌和尊重他人的素养。

这绝不是危言耸听，因为过去已有的研究已表明，约 29.8%的大学生有胆怯、自卑、害羞、固执、忧郁、易怒、自责、孤僻不合群等不良性格，31.7%左右的大学生有说脏话、好斗、作弊、说谎逃学等不良行为；无上进心（23.1%）、逃避困难（41.5%）、不能受委屈（52.4%）、遇挫一蹶不振（23.1%）等现象也频繁出现。因此，缺乏了良好的健康行为所奠定的基础，体育品德可能会陷入空谈。

基于此，健康行为的养成不仅仅是将体育与健康课程的运动能力养成价值进行了提升，更重要的是为个体通过体育与健康学习而养成良好的体育品德奠定了基础，从而使得我们所处的这个社会能够更加充满正能量，能够多一份阳光，少几分阴霾，青少年学生人人都能够拥有正确的价值观，这才是真正的健康个体。

三、体育品德是提高运动能力和改进健康行为的保证

体育品德是指在体育运动中应当遵循的行为规范以及形成的价值追求和精神风貌，对维护社会规范、树立良好的社会风尚具有积极作用。体育品德包括体育精神、体育道德和体育品格三个方面：体育精神包括自尊自信、勇敢顽强、积极进取、超越自我等；体育道德包括遵守规则、诚信自律、公平正义等；体育品格包括文明礼貌、相互尊重、团队合作、社会责任感、正确的胜负观。体育品德的具体表现形式为体育精神、体育道德、体育品格。

由此可知，体育运动不仅仅是身体上的活动，更是心理和社会的活动，不仅能够促进学生的身体发展，更能培养学生的精神意志，帮助学生在社会中更好地进行社会化。如果现在还停留在体育只是让学生增强体质、掌握运动技术的认识层面，那是典型的狭隘体育观，也大大降低了体育对学生健康、全面发展的意义和价值，更不可能落实"立德树人"的根本任务。当学生养成了良好的体育品德后，就会对其运动能力和健康行为产生正确的引导，起到保障作用。

（一）良好的体育精神有利于个体自觉提高运动能力和改进健康行为

体育精神所提及的"自尊自信、勇敢顽强、积极进取、超越自我"等，

更多体现为个体的自律。自律是指行为主体的自我约束、自我管理，是以事业心、使命感、社会责任感、人生理想和价值观作为基础的一种个体特质。古往今来，凡成功者都是高度自律之人，而缺乏自律的人，大多会虎头蛇尾、半途而废，使得美好的愿望往往只存在于幻想之中。对处于价值观逐渐形成阶段的青少年学生而言，养成自律的好习惯非常关键，不仅有助于他们的体育与健康学习，更有助于他们的全面健康成长。

对于体育课程而言，学生会经常感受到不断挑战的身心极限、不断对抗的激烈场景、不断超越自我或者被他人超越的情境等，而这些对于培养学生的自律提供了绝佳的机会。比如，清华大学是我国体育开展最好的学校之一，该校毕业的校友每当回忆起在校期间的生活时，总是绕不开在清华大学学习期间参与的各种体育运动。其中，清华大学原副校长施一公院士的说法就具有很好的代表性，他认为在清华大学期间有规律的长跑磨炼了他勇敢顽强、敢于拼搏的意志，使得他能够带领团队立于世界生命科学研究的巅峰。

因此，当学生通过体育活动获得高度自律的体育精神时，反过来会促使他们不怕苦、不怕累地长期坚持进行体能锻炼、运动技战术学习、参与体育展示和竞赛活动等，进而在此基础上不断提高健康行为，并在生活工作和学习中取得更大的成功。

（二）高尚的体育道德能够促使个体在核心素养养成中遵循良好的行为规范

道德伦理是维系中国几千年社会发展的重要因素之一，其对个体的行为规范所产生的作用甚至超过法律约束。中国是一个崇尚道德的国家，道德被放到了极其重要的位置，这也是中华民族的优秀传统之一。

近些年来，随着中国的高速发展，一些不道德的行为如欺诈等逐渐增多，年轻人所受到的道德约束在逐渐减少，这并不是一个好的社会发展趋势，帮助青少年学生养成良好的道德行为规范仍然是学校教育的重要任务之一。

其中，通过体育活动而让青少年学生养成良好的道德规范具有先天的优越性，这是因为体育活动天然地具备了让学生"遵守规则、诚信自律、公平正义"等的丰富和复杂的情境。学生在体育学习的过程中，必须要学会遵守规则，否则违反规则就将受到裁判的处罚；当社会在披露一些体育运动中如赌球、兴奋剂滥用等不够公平正义的现象时，也能够对学生产生警醒作用。

从这个角度来讲，只有当学生具备高尚的体育道德之后，才能在体育与健康学习过程中遵守规章制度、诚实待人、敢于主持公平等，也才能促进学生更好地进行运动而提高运动能力。当学生在若干年之后进入社会时，这些良好的行为规范也将会对他们的事业产生极大的促进作用。

（三）积极的体育品格能够帮助个体正确对待核心素养养成中的社会互动

对于普通个体的体育学习和体育活动而言，大部分都是带有一定社会互动性质的团体性体育运动项目，这与竞技体育中大量的以获取奖牌的个人运动项目并不一样。人是群居的个体，而群居的特性则凸显了人与人之间进行社会互动的必然性和必要性。

当前的大学生，大多是独生子女，成长的环境决定了其比较独立和以自我为中心，使得其在社会互动方面的意愿和能力都有所欠缺，这不利于大学生的全面发展。体育品格中所提及的"文明礼貌、相互尊重、团队合作、社会责任感、正确的胜负观"等素养，对于个体在社会中更好地生存至关重要。

比如，社会责任感是当前社会普遍欠缺的一种品质，大到国家、小到班集体，责任感的缺失使得个体的"自私自利心"加重，培养的学生也变成了如北京大学钱理群教授所言的"精致的利己主义者"。而通过体育学习，学生一方面能够学会礼貌对待他人和尊重他人，愿意与人合作，具备正义感和敢于面对输赢等，同时，良好的体育品格又为学生更好地提高运动能力和健康行为素养中的社会互动奠定了基础。

总之，体育精神、体育道德和体育品格等体育品德素养，将学生体育与健康学习的结果从"运动能力的操作层面"和"健康行为的行为层面"提升到了精神层面，这对于体育与健康课程健身育人价值的发挥，"立德树人"目标的达成具有决定性的意义。

综上所述，运动能力、健康行为和体育品德三个方面学科核心素养的提出，在我国基础教育体育与健康课程历史上具有划时代的重大意义，这不仅是体育与健康课程目标的跨越式发展，更体现了课程改革更加重视对"完整的人"的培养。三个方面的学科核心素养并不是独立的关系，而是相互联系、相互影响、相互促进、共同发展的关系。广大体育教育工作者除了要理清核心素养之间的关系之外，更要清醒地意识到在今后的体育实践教学中，绝不能将三个方面的学科核心素养分裂开来进行教学，而应该将其作为一个整体，让学生在体育与健康学习的过程中得到全面发展。

第二章　普通高校体育课程目标定位及制定研究

第一节　普通高校体育教学及课程目标相关理论解析

一、高校体育教学科学认知

（一）高校体育教学的构成要素

高校体育教学的构成要素是指高校体育教学的结构要素与过程要素，具体分析如下：

1. 高校体育教学的结构要素

对体育教学具有影响的各种要素及其相互关系就是体育教学的结构。体育教材、体育教法、体育教师、学生等都是体育教学的基本结构要素。

概括而言，高校体育教学包括以下三个方面的结构要素。

（1）参与者。参与者是高校体育教学的重要因素之一，主要指高校体育教师和高校体育教学中的大学生。

在高校体育教学的参与者要素中，高校体育教师是外部主导，主要职能体现为对高校体育教学进行计划、组织、管理、监控等。高校体育教师的专业素质将直接影响其职能的发挥和体育教学效果，因此要求高校体育教师有良好的敬业精神、业务能力等。

在高校体育教学中，高校体育教师的主要施教对象是大学生，这是高校体育教学的另一个重要主体。高校体育教师向大学生传授体育知识与技能，但大学生不能只是简单、被动地接受，必须在教师的指导下积极主动地参与学习，发挥自己的聪明才智，从而取得良好的学习效果。因此，从广义上而言，在高校体育教学中，大学生是一个主要制约因素和重要调控因素。在教学过程中，大学生作为受教育者和施教对象，是一个群体，在很多方面存在共性；但由于各方面因素的影响，大学生之间的个体差异也很明显。大学生能否能动地参与体育学习，对教学质量好坏有决定性影响。而针对大学生的特点和差异，因材施教，调动大学生的学习兴趣与热情又是体育教师的一个主要职责。

（2）施加因素。高校体育教学要满足社会对大学生的要求，这主要体现在高校体育教学任务、教学内容、教学大纲与教学计划等要素中，这些要素在高校体育教学的结构因素中，属于外部施加因素。连接高校体育的教与学是这类要素的主要作用。

高校体育教学过程是由体育教学任务、内容和计划等要素规定的，并以这些要素为依据组织与实施教学。高校体育教学任务和体育教学内容的价值均体现在两个方面，即显性和隐性，将这两类价值的关系处理好，可促进学生健康、和谐地发展。

（3）媒介因素。高校体育教学是在一定的时空条件下对相关信息进行有序传递的过程。媒介是传递信息的必备条件，具有针对性、可控性、安全性、抗干扰性及实用性等特征。高校在体育教学中，要想顺利地传递信息，必须具备场地器材、环境设备、组织教法等重要媒介。[①]高校体育教学质量能否得到保证，一定程度上要看是否具备高质量、现代化的媒介条件。

在高校体育教学过程中，这三大要素是动态结合、不断变化的，其中最为重要的是教师的主导作用。体育教师应掌握并熟练运用各种教学艺术，将大学生的学习积极性充分调动起来，将各种要素调控好，从而提高教学质量，顺利完成教学任务。

2. 高校体育教学的过程要素

高校体育教学的过程要素具体包括以下几个方面：

（1）体育教学目标。通过体育教学要达到的结果就是体育教学目标。体育教学的价值取向主要体现在体育教学目标中。只有确定了体育教学目标，体育教学才会有明确的方向，体育教学的出发点和最终归宿也才能确定下来。

在体育教学评价中，体育教学目标是一个非常重要的定向参考因素，如果没有确定教学目标，体育教学就会漫无目的地盲目开展，体育教师也就无法掌控教学过程。

---

① 王俊鹏. 高校体育教学理论与实践研究[M]. 长春：吉林科学技术出版社，2019：37.

（2）体育教学内容。在体育教学中，体育教师给学生传授的体育与健康知识、技能和方法等都是体育教学内容。体育教学目标能否达成，体育教学质量能否提高，直接受体育教学内容的影响。只有科学选择体育教学内容，并有效实施，才能使体育教学过程更加顺利，才有可能完成体育教学目标，并使体育教学质量得到提高。

体育教学如果没有明确的教学内容，就不能称为体育教学，而只是体育锻炼，这时体育就不再是一个学科了，而是一项活动。因此选编和运用体育教学内容非常重要，在开展这项工作时，要对学生需要、社会需求、学科体系进行充分考虑。

（3）体育教学策略。体育教师以体育教学目标和学生的具体情况为依据而选择的有效教学技术和手段就是所谓体育教学策略。此外，有助于学生理解教学内容的各种信息及信息的传递方式也属于教学策略的范畴。

体育教学策略与体育教学目标、体育教师、学生等因素密切相关，这一要素对体育教学工作的成败和效率的高低有直接的影响，所以为了更好地开展体育教学，完成教学任务，需要对体育教学方法、组织形式和手段进行科学选用。

（4）体育教学评价。依据体育教学目标制定标准，运用有效评价等技术手段测定与衡量、分析与比较体育教学活动过程及其结果，并进行价值判断的过程就是体育教学评价。促进体育教学质量的提高和学生的全面发展是体育教学评价的主要目的。

作为体育教学的一个重要因素，体育教学评价与教学目标、教师等因素的关系非常密切，一般体育教学评价指标由教师根据教学目标制定。

（二）高校体育教学的原理

高校体育教学的主体内容是体育运动项目，因此在高校体育教学内容设计中，必须重视不同项目的教学，并在具体项目教学原理中融入运动兴趣与情感体验，从而通过科学的体育教学原理，向学生阐释运动技能的形成与发展需要不懈地追求与努力，其功能体现为个体价值观与社会文化价值观的融合。

（三）高校体育教学的特点解析

1. 以传授体育技术和体育知识为主要内容，根本目的在于增强学生体质

大学生进行体育学习，主要是为了锻炼身体、增强体质，从而为更好地建设祖国贡献自己的力量。

首先，体育技术是大学生的主要学习内容，也是体育教师的主要教学内容。大学生在反复地学习与练习中，将所学技术转化为技能，从而能够通过合理有效的方法来锻炼身体。

其次，体育知识也是大学生需要掌握的体育教学内容，目的是为身体锻炼提供科学指导。一般在高校体育课程设置中，体育技术内容所占的比例要比体育理论知识所占的比例大，这是体育教学与文化课程教学在内容设置上的主要区别。文化课程以文化知识为主要教学内容，学生在掌握这些文化知识的基础上才能更好地从事生产实践，更好地在社会实践中发挥自己的能力；而体育课教学以技术和技能内容为主，以体育技术为主、体育知识为辅的设置方式有利于促进大学生身体健康成长。

2．以身体参与活动和教学组织的多样化为特征

在文化课教学中，学生主要通过思维活动对教学内容加以掌握，而体育课教学与文化课教学的不同在于，学生除了要动脑外，还要亲身参与活动，即除了参与思维活动外，还要进行身体活动。在身体活动中，通过肌肉感觉，向中枢系统传递信息，经过大脑的分析与综合，从而在理性上认识体育技术和技能。大学生如果缺少必要的身体活动，是无法对体育教学内容加以掌握的，尤其不可能掌握技术技能类教学内容。

大学生在体育活动过程中，身体反复受各种条件刺激，从而建立起条件反射，对体育技术加以掌握。在这个过程中，学生不但能够学习体育技术，而且能够锻炼身体，增强体质，提高健康水平。在高校体育教学中，大学生不可避免地要做一些身体活动，这有利于其身体、心理的发育和成长，有利于其保持充沛的精力。

体育教学以集体教学为主，但因为学生性别、性格、身体素质、活动能力等方面的差异，再加上体育教学容易受客观环境的影响，所以组织形式必须多样，从而满足不同学生的需求，适应不同学生的特点，进而提高教学效果。

在高校体育教学中，体育教师要善于运用社会学、教育学、生理学、心理学等多学科知识来对体育课进行精心的组织，从而使体育教学过程与教学规律的要求相符。

3．以对学生思想品德、心理品质培养的特殊作用显示其教育功能

体育运动有自己独有的特征，体育教学就是通过这些独特性对学生产生积极作用的，具体分析如下：

第一，竞赛性是体育运动的一个特点，正因为这个特点，体育教学才能够对大学生的竞争意识与竞争精神进行培养。

第二，体育具有规则性，因此能够培养大学生诚实守纪的品质。

第三，体育运动要求参与者克服自身生理负荷，并勇敢面对客观条件的阻力。因此，有助于培养大学生勇于拼搏的意志品质与吃苦耐劳的精神。

第四，体育活动具有群体性，能够对大学生的交际能力与协作能力进行培养，同时能够引导大学生树立良好的集体主义精神与爱国主义精神。

总之，当代社会的发展要求大学生具备良好的思想品德和心理品质，体育教学在这方面的作用是不可替代的。

在新时代，体育教学的教育功能变得越发鲜明和突出。当今世界正在进行新技术革命，这一方面给世界各国带来了良好的发展机会，另一方面也给各国带来了巨大的挑战。人才的发展可以推动科技的进步，教育是培养人才的主要途径。只有促进中华民族整体素质的提升，我国才能在新技术革命中受益。

（四）高校体育教学的功能分析

1. 健身娱乐功能

高校体育教学的一个重要目标是教会学生合理、有效地利用身体、保护身体，从而提高身体健康水平，因而可以说学生的体育学习是一种利用身体同时完善身体的过程。"用进废退"的生物学规律在人体的发展中体现得非常明显，大学生只有科学合理地参加体育锻炼，才能使身体的极限效能得到充分发挥。在锻炼的过程中，神经、肌肉会保持活动状态，这能够使人体运动系统和其他生理系统的功能得到有效的保障，并产生许多良好的反应。[①]在体育教学中，学生是否可以快乐地参与其中，获得健康的身心，要看学生是否从内心深处喜欢运动，是否对此感兴趣，是否情绪高涨。

随着社会的进步和生活条件的改善，大学生的营养补充越来越全面，生活条件也得到了很好的改善，这就为其身体娱乐活动提供了良好的条件。与其他娱乐方式相比，大学生在体育学习中进行适度的身体娱乐活动，能

---

① 孙越鹏，宋丽丹.高校体育教学理论及改革创新研究[M].北京：新华出版社，2018：57.

够达到健身与悦心的效果，从而提高身心健康水平。

2. 培养竞争意识

人类生活与竞技比赛有高度的相似性，因为人类与自然、社会、竞争对手等相关对象之间存在竞争关系，只有在不断的竞争中，人类才能更好地超越自己，完善自己，过上理想的生活。创造有利的条件来不断充实自我是竞争参与者必须重视的问题。

在运动场上，参与者可以养成良好的品质和行为习惯，依据迁移原则，这些积极的变化会有效地作用于参与者的日常行为，并产生被社会高度认可与接受的因素。运动场上有输有赢，社会生活的其他方面同样如此，胜者当然光荣，受人拥戴，但败者也不可耻，也需要人的认可与尊重。不仅是运动员，包括大学生在内的所有群体都应该养成胜不骄、败不馁、顽强拼搏、勇于进取的良好品质。

竞技运动是高校体育教学的重要内容之一，通过相关内容的传授，可以教育大学生不断超越自我、完善自我，树立良好的竞争意识，其教育意义远比让大学生在竞技比赛中夺冠重要。

3. 发展适应能力

现代社会中的竞争越来越激烈，人们的生活压力越来越大，适者生存的观念已经深入人心，因此大学生必须具备良好的社会适应能力，进而才能更好地立足于社会。社会适应能力是一个广泛的概念，对不同的人有不同的侧重，但大学生只有具备全面的个人适应能力，才能保证自己更好地适应社会环境的变化，这里的全面具体指身体、心理、情感、道德等方面，缺一不可。

体育教学在对培养个体适应能力方面具有重要的作用。体育教学贯彻"以人为本"的理念，对学生的兴趣爱好充分予以尊重，这样的教育活动有利于培养与提高大学生的适应能力。

4. 改变行为

体育教学可以提高大学生的适应能力，由此可积极影响大学生的行为，使其行为产生有益的变化。体育教学中很多活动与行为都合乎社会要求，所以很容易被社会认可和接受。这些合乎社会要求的体育活动对大学生来说非常有价值，能够使大学生不断调整自己的行为，不断向社会道德准则和行为规范靠近。

体育教学还有利于培养大学生的智力，发挥大学生的聪明才智，使大学生更有想法、有干劲、能创新，并使大学生的行为更加理智、成熟。

5. 改造经验

经验对于每个人来说都非常重要，生活中处处可以积累经验，而且处处离不开经验，随着经验的积累，人们会获得更好的生活能力。[①]人的经验是丰富多样的，对于参与体育学习的大学生来说，除了读、写、说、算方面的经验，还需要具备多方面的专门经验，具体表现在以下几个方面：

（1）动作经验。坐、立、行等属于最简单的动作经验，判断距离、判断速度、判断时间等则是比较复杂的动作经验，这些都是大学生在体育教学中可以收获的经验。除此之外，大学生还可以从体育教学中获得应对突发事件的能力。

（2）品格经验。品格经验在体育运动中至关重要，参与者只有公平竞争、信守诺言、服从法规制度、协调合作，才会更好地得到社会群体的认可。

（3）情绪经验。现代社会是文明社会，社会个体不能用野蛮的方式来发泄自己的不良情绪，否则会对社会的秩序与和谐造成影响。而体育教学有助于让大学生学会用积极锻炼的方式调节自己的情绪，保持良好的心理状态，培养优良的情绪经验。

体育教学属于综合性教育，同时也是非常重要的生活教育手段，能够积极影响与改变大学生的情绪、心智、行为、品性等，使大学生获得更加全面的发展。

二、体育教学目标的内涵与特性

（一）体育教学目标的内涵

体育教学目标是体育教学活动的主体在具体教学活动中所要达到的预期结果或标准。这个预期结果或标准是依据体育教学的目的而提出来的阶段性成果（或标准）和最终成果（或标准）。

简言之，是体育教学努力的方向和预期的成果，体育教学过程是由若干等级不同的小过程组成的，若要使总目标的要求落实到整个体育教学活动体系的各个部分中去，就必须对实际的体育教学活动做出具体的规定，

---

① 李梅，李娜. 高校体育教学理论与实践研究[M]. 长春：吉林大学出版社，2018：72.

设置具体的体育教学目标或标准，若干等级和层次的、具体的体育教学目标或标准的集合就是最终的体育教学成果（或标准）。因此，阶段性成果（或标准）是体育教学的阶段目标；阶段性成果（或标准）的总和就是最终成果（或标准），即体育教学总目标。体育教学总目标是体育教学目的得以实现的标志。

（二）体育教学目标的特性

1. 共同性

体育教学目标是通过教师教、学生学的双方合作来实现的共同目标，也即教师的教学目标或学生的学习目标，最终是要达成师生之间的共识，使教学目标落实于教师的教学活动所引起学生的行为变化之上。

2. 预测性

体育教学目标是教学活动之前教师所预期的结果，带有预测性，它说明教学活动是一种有计划、有目的、自觉支配的双向交流互动活动。

3. 灵活性

体育教学目标并不是一成不变的，而是因校、因课、因班、因学生制宜的，要求教师根据教学实际情况创造性地编制目标，即要有一定的灵活性。从这个程度上说，体育教学目标的编制具有艺术性。如遇风雨突变的天气，体育教学目标就应该有较大的改变。

4. 可检测性

体育教学目标是可以检测的，可以对教学目标的达成进行定性或定量的测度，并客观地评价教学效果。如篮球投篮技术教学，可以用中篮个数来测度。

5. 可行性

体育教学目标通过教学活动可以达到，相对于教学目的而言，是具体明确的、可操作的，同时也应该是符合学科性质要求和在学生可承受范围之内的。

三、体育课程教学目标的结构与功能

同任何事物一样，体育教学目标也有着自己的结构。在这个结构的外部，清晰地显现了层次性的特征和各层次的功能。

（一）体育课程教学目标的结构

体育教学目标是一个具有多层次的系统，由大小不等的、递进的、一系列的体育教学目标组合而成。按照教学目标表述的具体化程度不同分为体育教学总目标（也是超学段体育教学目标）、学段体育教学目标、学年体育教学目标、学期体育教学目标、单元体育教学目标、课时体育教学目标，甚至还包括下位的技术点或知识点的教学目标，以上依次目标中各个下属目标都是其上位目标的具体化。

1．体育教学的总目标

体育教学总目标是体育教学活动中最根本的目标，是期望学生达到的最终结果。体育教学总目标具有教育目的的性质，对各个层次的具体教学目标具有指导意义，一般包括三个部分：一是实质性目标，使学生掌握一定的体育知识和体育技能；二是发展性目标，使学生的体能和智力得到发展；三是教育性目标，使学生树立正确的世界观，形成健康的个性品质。制定体育教学总目标时要注意：

（1）要有整体的观点。要注意使体育能贯彻"健康第一"的指导思想，与其他学科的目标表述相互统一。

（2）要有学科的观点。要体现出体育学科的目标特点和独特作用，注意完成体育学科职责，着重明确特色目标，不好高骛远、制定无法完成的目标。

（3）要有系统的观点。由于是跨学段的目标，因此目标要有联系性、衔接性和系统性，各学段的目标都要有所体现。

2．学年体育教学的目标

学年体育教学目标是各个学校制定的年度体育教学计划中的目标，体现在学校和体育教研组的教学计划中。学年体育教学目标具有较为鲜明的年级特征，因而要与学校的工作计划相互协调、统筹考虑。如对运动技能学年目标的规定为：重点学好篮球主要进攻技术、粗略掌握羽毛球和轮滑运动技能、学习体育锻炼的知识和力量练习的方法。

3．学期体育教学的目标

学期体育教学目标是根据年度的教学目标，再将教学目标分割成为上下两个学期教学计划中的教学目标。气候与学期安排要反映在学期体育教学目标中，并且要有重点地反映在两个学期中，如一般要考虑春季的运动会和体育中考等。如运动技能的上学期目标规定为：重点学好篮球"三打二"和"四打三"的进攻技术、学习春季体育锻炼的方法和上肢力量练习的方法。

4. 单元体育教学的目标

单元体育教学目标是以某个学习内容为中心制定的教学目标。单元体育教学目标依托各个运动项目特性，用单元教学计划体现，是运动技能学习的基本单元，反映了教学内容的学理及教学程序的科学性。同样的教学内容可以有不同的教学目标，不同的教学目标可以形成不同的教学单元。

5. 体育教学的效果目标

我国高校体育教学的目标是增强学生体质，提高学生身心健康水平，对学生的体育运动能力和思想品质进行培养，促进学生全面发展，成为合格的社会主义建设者。

现阶段，我国高校体育教学的效果目标具体表现在以下几个方面：

第一，使学生身体得到全面锻炼，增强体质。

第二，使学生对体育教学的基本知识、应用技能等内容加以了解与掌握。

第三，使学生养成良好的思想品德，促进学生个性发展。

第四，提高学生的运动能力，为国家运动队培养并输送优秀的后备人才。

上述效果目标之间相互联系、相互促进，它们作为一个统一的整体不可分割，需采取有力的途径一步步落实。

（二）体育课程教学目标的功能

体育教学目标是体育教学活动的出发点和最终归属，具有以下功能。

（1）教学目标设计可以提供分析教材和设计教学活动的依据。教师一方面根据教学目的确定课时教学目标，另外一方面又根据这一教学目标设计教学活动和实施教学。也就是说，教学目标不仅制约着教学系统设计的方向，也决定着教学的具体步骤、方法和组织形式，有利于保证教师对教学活动全过程的自觉控制。

（2）指引、激励教师的教和学生的学习目标，反映了人的愿望和努力方向。当明确的目标意识延伸到人的行为领域，并同行为相互联系的时候，就形成了动力源泉。合理的体育教学目标充分反映着教师的努力方向和学生的学习愿望。因此，合理的体育教学目标必定可以指引教师的工作，也必定可以激励学生的学习。学习者的认识内驱力，是能够被激发的。这就要求学习者必须了解预期的学习成果，这样，他们才能明确自己会取得的成就的性质，进行目标清晰的活动，进而对自己的行为结果作成就归因，并最终取得认识自我和获得赞许的喜悦。

（3）明确和落实体育的教学任务。体育教学目标决定着具体的教学任务。目标是标志，没有标志就没有方向，但只有标志没有具体行动，标志也就没有意义。因此，要有具体的体育教学任务来支撑目标的实现。教学任务要以体育教学目标为依据，好的目标有助于明确教学任务，体育教学目标是"的"，体育教学任务是"矢"，有了明确的目标，教学的任务才能"有的放矢"。

（4）教学目标对行为的描述能为教学评价提供科学依据。用全面、具体和可测量的教学目标作为检验依据，可以保证检验的效度、信度、难度和区分度，使教学评价有科学依据。因为课程标准和教学大纲提出的教学目的以及领域目标和水平目标相对抽象，教师把握客观、具体的评价标准有一定难度，为避免教学评价随意性过大，必须以教学目标为依据。

（5）教学目标可以帮助教师评鉴和修正教学过程。根据控制论原理，教学过程必须依靠反馈进行自动控制。有了明确的教学目标，教师就可以此为标准，在教学过程中成功运用提问、讨论、交流、测验等反馈方法，对自己的教学过程进行适当的调控和变动。

四、体育课程教学目标理论分析

（一）体育课程教学目标理论依据

通过布卢姆的教育目标分类论、马杰的行为目标等研究得出，教学目标是教学过程中师生预期达到的学习结果和标准。它是课程目标的进一步细化，在方向上对教学活动设计起着至关重要的指导作用，可为教学评价提供标准和依据。为此引发西方教育心理学家就教学目标的作用展开了多年的实证性研究。通过比较"精确目标""含糊目标"和"无目标"三种条件对学习成绩的影响，发现精确目标同另外两种目标相比，前者促进了学生学习成绩的提高。

从上述研究可见，教学目标的设置为教师教学指明了方向，为教学的有效达成提供了保障。论证出教学目标对教学可以起到三个导向作用：一是导学。明确具体的学习目标可引起学生的注意，具有挑战性的目标可鼓舞激励士气，引发学习动机的产生。二是导教。以目标统领教学的选择和组织，可规定准课程内容与安排，保障教学进程与策略不偏离教学目标。三是导评。教学是围绕教学目标而展开的，判断教学任务是否完成最可靠和最客观的标准是教学目标是否达到。因而，用目标参照指导测量评价教学计划的实施是否完成，可有效提高教学水平。因此，准确全面地理解教学目标理论的内涵，明确不同教学目标理论对教学的设置就成了关键。

1. 布卢姆教育目标分类论

教育目标分类论采用"三维分析法"把教学目标分为三个领域，即认知领域、技能领域和情感领域。每个领域由低到高包含了许多层面变量，表明与这种行为评估相关的、需要抽样的内容可供有的放矢且按需选择。

（1）按智力特征的复杂程度，可以将认知领域目标由低级到高级分为六个维度层次：①知道。对学习过知识的记忆，是认知领域最低的水平层次。②领会。把握知识的能力，对原有知识进行转换、解释、推断。③应用。能根据具体的情景运用所学的知识。④分析。能识别知识组成要素与结构关系，如能鉴别出教学内容中的知识点，区分知识内容中的组合关系。⑤综合。能将所学的各种知识重新组合运用。⑥评价。能根据需要对知识材料和方法做出合理的价值判断。

认知领域教学目标由六个层次组成，从低到高指明了学习达到的程度，不仅强调知识的记忆性，重视学生的智能培养，更重要的是反映了知识维度层次分类的累积性。即高一级教学目标是在低一级目标实现的基础上完成的。其目标分类较为系统全面地阐明了各种学习结果，为认知领域教学评价提供了参照体系。

（2）按动作技能获得的过程，将技能领域目标由低级到高级分为七个层次：①领悟。能运用感官获得信息以指导动作，是技能领域最低的水平层次。②定向。能建立学习准备，如心理准备、生理准备、认知准备。③模仿。技能学习的早期阶段，即泛化。④操作。能独立完成所学的技能动作，即分化。⑤自动化。能轻松、准确、迅速地完成动作。⑥修正。能对技能动作的运用进行不断反馈、修正与提高。⑦创新。能根据具体情境创造出新的动作模式与之配合。

技能领域教学目标由七个层次组成，从低到高明确了每个阶段学习的结果，将技能活动的范围与行为的特征进行了分类。从上下对应的学习阶段上，提供了学生个体获得外在技能的过程，要经历的七级具体目标的多种表征使得教学效果不仅可观察、可测量，还指出了一个完善的学习结果，可以促进学生能力的形成与创新的培养。反映了技能过程层次累积的重要性。即高一级教学目标是在低一级目标实现的基础上完成的。其目标分类为分析、评估和修正教学行为提供了参照体系标准。

（3）依据心理价值内化的过程，可以将情感领域目标由低级到高级分为五个层次：①接受。学生能接受教学信息刺激产生有意注意，是情感领域最低的水平层次，即有意注意产生后，学习才产生。②反应。学生对教学方式的反应，即教学内容对学生产生兴趣学生才会主动学习，不感兴趣学生就不会学习。③态度。把兴趣强化成态度才能保证学习结果的获得。④组织。学生能把学习态度转化成学习信念，不怕学习困难、把苦练化为乐学。⑤性格化。学生把价值观念内化形成了爱学习的行为习惯与性格。

情感领域教学目标由五个层次组成，从低到高明确了每个阶段学习内蕴的情感行为主体、行为内容、行为条件、行为标准，指明了学生学习的内隐行为与外显学习结果的对应关系。使人们认识到只有保持和发挥情感内化的功能，体育学习才可能形成。没有学习的成功与欢乐的导入，没有快乐的体育课堂建构，学生不会热爱体育形成终身体育习惯，实践证明，被动的学习收获的只能是被动的结果。其目标分类为分析、评估和修正教学行为，建立良好的学习环境提供了参照标准。

2. 行为目标理论与方法

1962 年马杰出版了《准备教学目标》，此书被誉为"教学目标中发起的一场革命"。行为目标有时也称作业目标，指用可观察和可测量的行为陈述目标。行为目标应具有三个要素：一是说明通过教学后，学生能做什么；二是规定学生行为产生的条件；三是规定符合要求的作业标准。由此可见，行为目标的优点就是通过最简单的水平分析，找出要解决的问题。

另外，这种目标表述十分清晰具体，属于处方模式，其科学取向不像教育目标分类论涉及过多的原理，它把拟解决的问题归纳为更方便的操作行为，清楚地告诉人们，学生将获得的具体能力是什么，如何观察和测量这种能力。利于广大教师理解执行，避免了传统方法陈述目标的含糊性。对于帮助体育教师如何完成教学任务，深化教学设计，积极建构教学过程，解决教学问题，追求效果最优化提供了较为明晰可行的操作性与实践性的策略，存在的不足之处是由于其考察的变量驻足于以外显行为的描述与诠释教学方案的实施全景，对于目标以外的价值则不予关注。即只强调外部行为的结果，未注意内在心理行为的过程。可能导致教学中教师只关注学生学习的结果，忽略了内在行为的培养。

3. 格兰论的目标理论与方法

格兰论的目标理论认为,外在学习行为的变化实质是内在心理的变化,提出了把内部过程与外显行为相结合的展开目标表述法。这一方法既保留了行为目标表述的层次性和外显性的优点,又避免了其忽略内心变化的缺点,是用于情感、态度与价值观表述的比较合适的方法。需要注意的是,由于内在的行为变化存在难以直接进行客观观察和测量的特性,教师在具体运用时对目标的陈述不仅要应用具体的词语予以明确,还要对反映这些行为变化的"样品"加大说明。这样可操作性会更强,对教学过程和教学测量与评价可以起到更具体的指导作用。

4. 艾斯纳的目标理论与方法

教学是人自身的学习,本质上是解放人的一种活动。教学目标的指导应关注每一个学生在具体的教育情境的各种相互作用中所产生的个性化表现,提出表现性目标。由于这种目标只描述学习者在活动中应表现出来的行为和态度,没有可测量的学习结果,重视学生的自主体验和感悟的差异性,让学生有创造性、个性化的表现。其目标表述法,只提倡教师指明学生需要从事的学习任务是什么,应参加的活动是什么,但是不提出具体的全体学生要达到的行为标准,不精确规定每个学生应从这些活动中习得什么么,驻足于追求每个学生学习的个性化表现。例如,健美操课目标的表述为:通过让学生体验和欣赏健美操的律动,激发学习热情,引领学生积极参与主动认知。教学实践反映,这种目标只注重过程,而不重视结果。虽然强调学生的个性发展与主体意识的提升,但在表述上是模糊的,不能起到课程与教学的指导作用。背离了教学目标要清晰、具体可观察、可测量的原则。只能作为教学目标具体化的一种补充,教师千万不可把这种目标作为主体。

5. 加涅的目标理论与方法

美国学者加涅吸收了现代认知心理学的最新成果,从学与教的心理角度对教学目标的设计与陈述提出了另一种分类方法,即"学习结果分类"。由于教学目标是预期的学习结果,所以加涅的学习结果与教学目标是同一件事。他把支配人类习得五种学习结果(言语信息、智慧技能、认知策略、动作技能和态度)作为教学目标。不仅从内部与外部对教学目标进行了整合,阐明了教学系统的结构性和功能机制。还突出了每一类素质目标的独特学习过程和内外条件如何在最佳学习条件下呈现,为针对不同类型的素质进行教学设计提供了策略指导。

实现教学目标整体统一、简洁明快、协调均衡、行为聚焦的特点。可以说，这一目标分类法是对前人的一种大胆超越，体现教育目标分类的新视野。各步骤的内容与构成如下：

（1）言语信息。"言语信息"是一种陈述性知识，指一个人能学会用口语或书面语言表述，说明一个事实或一系列事件。这一分类为进行教学任务的分析与设计找到了心理学的科学依据。如在学习动作技能之前，应先让学生对所学的动作技能有一定的认识或意向。如可以借用言语指导及录像、演示来实现。它有四种具体形式：名称、事实、有组织的事实和言语链。名称即能将所学的动作与称呼相对应，如能把所学的传球动作与传球名称对应上。事实即可以对某些命题加以完整的回忆与表述，如能对投篮动作进行完整表述与回忆。有组织的事实是指能把一组动作归纳为一个命题，如把助跑、起跳、腾空、落地四种动作归纳为跳远。言语链是指能把一组动作用一一对应的方式储存在记忆中，如把篮球行进间高手上篮的一组动作，对应储存为"一大、二小、三高跳，手指柔和把球举，对准黑框向里挑"。编写教学目标的动词一般用说明、名称、描述、背诵、列举、操作等表述。

（2）智慧技能。"智慧技能"是指个体能学会应用符号或概念对环境相互作用，如能利用数理化知识对事物的属性进行分类、对比、分析、区分等。它有四种类别：辨别、概念、规则与原理、问题与解决。辨别是指能察觉感知刺激物差异的能力。如能通过感官察觉感知乒乓球旋转与不旋转。概念是指能对一组拥有共同特征的客体或事件进行归类。如能区分哪些属于篮球动作、哪些属于足球动作。规则与原理是指能运用规则或原理预测、理解和解释客体或事物之间的内在联系，如能利用"能量代谢原理"说明不同运动时段能量的变化。问题与解决属于高级规则，是指能运用各种规则和原理对出现的问题予以解决，如能运用技能形成规律解释不同学习行为的发生。如果属于"三维目标"的知识与技能领域，编写教学目标的动词一般用辨别、识别、区分、运用、展示、理解、掌握等表述。

（3）认知策略。"认知策略"是一种重要的技能，是指个体能对自我思想和行为进行支配监控。即通俗讲的学会分析问题、解决问题的能力。属于"三维目标"的过程与方法领域。编写教学目标的动词一般用创设、发现、开发、领会等表述。

（4）动作技能。"动作技能"是指个体会用一系列肌肉或躯体运动来完成运动，如打球、滑冰、跳舞、骑自行车。如属于"三维目标"的知识与技能领域，编写教学目标的动词一般用跳起、摆动、旋转、射门等表述。

（5）态度。"态度"是指学习者获得影响自身行为的心理特征，如有人把跳舞作为自己的爱好。态度是最后一种学习结果，如属于"三维目标"的情感性领域，编写教学目标的动词一般用培养、养成、热爱、欣赏等表述。

由上述分析可知，教学目标是课程编写、教学设计的理论依据和所遵循的原则。教学目标就是要反映所要教授的技能、所要培养的行为，并指出学生在经过教学活动后能力与倾向上有什么变化。即能够做到什么程度，能在什么样的环境中运用所学的技能。新课程实施以来教学目标已日益成为指导教学活动的独特标志，为教育教学带来了深刻的文化意义。它的出现不仅使课堂教学发生了翻天覆地的变化，也是体育教学实践改革落到实处的关键。需要注意的是，教学目标所描述的是教学的输出，而不是教学的过程。因而，深入分析和总结这些理论，帮助教师们从比较宽的视野和不同的层面更好地认识与积极运用科学实施就成为以后研究的必需。

（二）体育课程教学目标理论的比较

教学目标有着多方面内容的概念与强烈的理性应用背景。这些理论彼此之间既存有共同的普遍性，也存有不同差异性和特殊性的理性指向特征。为了防止偏离和混淆，以便对它们进行更好地运用，还需要概括出教学活动与目标实现之间的关系。为此，以下进行概括分析与诊断评价，把一般理论加工重建转化为解决某一具体问题的指导方针或行动方案。为教师准确认识和定位教学目标与功能提供方向和路径。以便于更好地将教学目标的设计建构在现代教学论的基础上，科学地实施教学目标的设计与制定。

1. 布卢姆教学目标分类与加涅学习结果分类比较

布卢姆教学目标分类与加涅学习结果分类比较，如表 2-1 所示。

表 2-1　布卢姆教学目标分类与加涅学习结果分类比较表

布卢姆教学目标分类	加涅学习结果分类
（一）认知	（一）认知
1.知识	1.言语信息
2.智力技能	2.智力技能
领会	辨别
运用	概念
分析	规则
综合	高级规则
评价	3.认知策略

续表

布卢姆教学目标分类	加涅学习结果分类
（二）情感	（二）态度
（三）动作心因技能	（三）动作技能

这两个分类系统在三大领域的划分是完全相同的，所不同的是，加涅学习结果分类比布卢姆教育目标分类的认知领域内部各亚类的划分更清楚，弥补了布卢姆教育目标分类中只有内容没有教和学策略的不足。显然，一个良好的目标设计不仅要有机制评价系统，还要有机制在设计失败时进行的反馈修改。加涅学习结果分类的可贵之处在于其不仅突出了每一类素质目标的独特学习过程和内外条件，还指出了如何在最佳学习条件下予以呈现，针对不同类型下进行的教学设计提供了策略指导。

2．五种教学目标的分类与比较

对以下五种常用的教学目标进行陈述，分析每一种目标产生的指向结果、学习水平与行为条件，帮助教师理解各教学目标之间的"落差"与区别，明白如何将教学目标建立在新课程学习论的基础之上，如何将教学目标的理论转化为实践设计，正确理解，避免误用，以便能够根据不同种类的学习结果、学习过程和学习条件有效地产生出所期望的教学目标。

（1）传统教学目标。我国一般按教学要求编写教学目标。这种目标的特点是把一般教育宗旨或原则当作课程目标，属于普遍性目标。它偏重把国家宏观目标角度的"德智体"作为框架论述课堂学习的微观目标。导致只反映了教学目标的范围，未涉及每一个领域的具体学习结果。由于它提供的不是具体的要求与标准，因而具有普遍性、模糊性、规范性，可运用于所有的教育实践，但难以对具体实践情景的需要做出解释。另外，由于不懂得知识维度的分类，更不知道对不同类型知识的不同教学操作。因而，致使教学目标设计比较模糊、无层次和领域划分不准确、词语笼统缺少具体性，不能逐层揭示教学活动，不能根据学习的不同类型创设与之匹配的最适当的内部和外部条件。难以达到有效检测教学效果，指导教学策略设计的目的，所以该目标只能适用于学科课程总目标的陈述。

（2）布卢姆教育目标分类。布卢姆的教育目标分类理论，依据总目标和分段目标，确定课程层次和目的。通过程序流程图的分析形式逐层划分教学应实现的水平与程序，考虑了与认知有关的其他心理活动的方式和特征，使课程设计有共同的规律可遵循，可根据课程任务对不同个体的差异进行选择和协调，将理想的标准与现实情况相对照，从而找到差距，努力消除这些差距。该分类学的不足之处是忽视了理解的目的。只有知识维度的分类和学业的表现，缺少学习策略的呈现，没有解决如何通过目标的科学引导，促使这一水平行为的实现。只有导教、导评，没有导学。所以该分类比较适合应用于单元课程教学目标的指导教育测量与评价，但难有效指导课的学习和教学过程的设计。其次分类层次和数目理论偏多可能会导致许多基层教师不易把握，难以对接实施。

（3）马杰的行为目标。这种目标以行为主义的刺激反应和强化理论为依据。优点简明扼要、可观察、可测量、可操作，便于使用，体现了"唯科学主义的价值观"，适合于一般课时目标的应用。不足之处是课程目标狭窄，缺少内隐考虑彼此之间的相互关系。从陈述条件直接预测学习结果，容易使设计走向僵化。因而也不能及时修正偏离度，阻止熵增现象，容易导致系统在运用过程中不能调节平衡，难以达成预期结果。

（4）格兰论的展开目标。格兰论认为外在学习行为的变化实质是内在心理的变化，提出了把内部过程与外显行为相结合的目标表述法。这一方法既保留了行为目标表述的层次性和外显性的优点，又避免其忽略内心变化的缺点，是用于知与行相结合目标表述的比较合适的方法。需要注意的是，由于内在的行为变化存在难以直接进行客观观察和测量的特性，教师在具体运用时，对目标的陈述不仅要应用具体的词语予以明确，还要列举反映这些行为变化的"样品"加以证明。这样可操作性会更强些，才能对教学过程和教学测量与评价起到更具体的指导作用。

（5）艾斯纳的表现目标。由于表现目标的特征着眼于学生未来的发展，以共创明天的取向为目标。强调教育要尽其可能地解放人的潜能，为学生未来社会生活做准备。因而，表现目标注重学生过程的获得，而不是仅以结果来衡量学生的发展。问题是由于表现目标事先不固定，是在过程或教学活动中随情景而产生的，对教师、教学条件、教学环境要求较高，不易把握。在我国当前大班级授课情况下，难以实现一堂课让教师与所有学生达成对话，为每一个学生提供情境体验的感受过程。

（6）加涅的学习结果分类。美国著名教育家加涅的学习结果分类的提出形成年代较晚，他吸取了现代认知心理学的最新成果，其最大贡献是用知识阐明了学生习得的能力本质。对教学目标理论提出了"为学习设计教学"的理念。

他认为不同类型的知识被用来解决不同的问题。教学必须考虑知识习得中不同类型学习的过程和条件与知识的迁移和应用。按每类学习结果阐明得以出现的过程和条件，以及其可测量的行为指标。因此，加涅的学习结果分类不仅有助于教学目标的测量与评价，而且有助于导学和导教。弥补了布卢姆教育目标分类只告诉人们如何策略，而不告诉人们如何学和教的不足。因而，比较适合于教学单元或课时目标的设定。

上述几种理论的综合和论析清楚地呈现了各理论的核心概念与结构，为教师对理论的理解与进一步有效使用奠定了基础。通过上述分析可以看出，就像社会存在决定社会意识一样，由于教学目标是一定社会教育价值观指导下的教育目的与课程与教学具体化，其对学生身心发展的规律、社会需求的重点以及知识的性质和价值法则这三者之间关系的理解不同，因而对课程与教学目标的取向也有所不同。因而上述五种教学目标各有特点，每种理论的潜在价值取向不同，追求不一，都是其所处的社会、文化和精神世界的反映。

因此，每一个旧目标理论都是新理论的基础。从课程与教学目标取向的实质看，从普遍性目标的社会为本、行为性目标的唯科学建构，布卢姆目标的认知分类描述，格兰论目标的过程与结果的连接展开，艾斯纳目标的学习者与情境的交互表现，走向加涅学习结果分类进一步地完善，一波波地表现着其向人的自身发展方向——"以人为本"的目标的迈进。揭示出每一个目标都存在有效性，也存在着一些难以实施的不足性。

新一轮课程改革将三种课程目标取向予以综合，把展开目标和表现目标作为行为目标的补充形式。需要指出的是，按照教学活动的需要，教学目标可以分为学科目标、单元目标和课时目标。学科目标是表述这门学科在教学总体上所要达到的结果；单元目标是表述对这一门课教学的各个课时组成部分的具体要求；课时目标是表述对该课时所提出的具体要求。

具体目标的采用首先取决于这门学科、这门课、这堂课要解决什么问题，然后依据一定的教学环境与教育活动的多元化对理论进行加工重建，即为了有效解决问题，常常需要综合多种变化之道。如该课重点在于知识和技能，低年级则采用行为目标、高年级采用加涅学习结果分类，以表现目标为补充形式较宜。如该课重点在培养学生解决问题的能力，则采用行为目标、以展开目标为补充形式较宜。如是该门课的系统目标的制定，则采用布卢姆的教育目标分类较宜。如是该门学科目标的制定，则采用普遍性目标较宜。其次有一些目标目前难以使用，不是理论的原因，而是受社会发展的制约。在教学设计过程中，最为关键的工作或许就是确定教学目标，如果教学目的确定不适合，再好的教学也可能无法满足组织或者学习者的真正需求。

（三）体育课程课堂教学目标的监测

体育新课程标准在教学目标、教学评价和课程资源开发等方面提出，要运用量化和便于评价的语言表述，要能有效指导教师正确处理与诊断各有关部分发生的关系；能有针对性地采用相应的方法和策略，精确制定切实可行的实施方案等。

使课程实施的"度"紧密地联结课程的目标，避免出现我们过去在课程目标的制定过程中可能陷于实践无法操作的局面。教学目标的选择和确定是一个求精的推理过程，一个良好的教学目标设计，需要回答以下问题：

（1）教学目的是否描述清楚、可验证。

（2）内容区域是不是已被清楚地界定。

（3）这些行为是不是可以清楚地表现、可测量。

（4）教学目标符不符合学习者的需要。

（5）教学目标与教学环境是否存在逻辑的一致性？

在回答上述问题后，教学目标的撰写可以采用以下步骤：

第一，写出教学目的，列出所有学习者要做的，要达到的目的行为。

第二，这些行为是不是可以清楚表现、可测量。

第三，分析所要进行的行为表现，选择那些最能反映目标完成情况的行为。

第四，将所选择的行为用观察、可测量的明晰话语进行描述，说明学习者要能做到什么程度。

第五，审查目标陈述，判断学习者通过这些行为后是否就算达到了教学目的，即完成学习任务后，获得了什么新本领，掌握了哪些新知识，会做什么事。

通过这一构建可知，如果教学目标不能用可观察、可测量的明晰话语进行描述、说明学习者要能做到的行为与程度，即使学生课上很活跃，然而这样的课充其量也只能算是练习课。

一个良好的教学目标应符合以下要求：

（1）教学目标陈述的是学生的学习结果，不是陈述教师做什么，应陈述学生通过教学后会做什么，做到什么程度，能在什么情况下应用。

（2）教学目标的陈述应能反映出学习结果的层次性。认知领域的教学目标一般应反映记忆、理解与运用（包括简单运用和综合运用）三个层次；在过程领域的目标应反映学会了什么，会做什么；在态度领域的目标应是接受、反应和评价三个层次。

（3）教学目标的陈述应是明确、具体，可以观察和测量的。不能用模糊不清和不切实际的语言陈述。应用一些行为动词表现行为的具体化。

（4）建议：如该课的重点为知识和技能，低年级则采用行为目标、高年级采用加涅学习结果分类，以表现目标为补充形式较宜。如该课重点在培养学生解决问题的能力，则采用行为目标，以展开目标为补充形式较宜。如是该门课的系统目标，则采用布卢姆的教育目标分类较宜。如是该门学科目标的制定，则采用普遍性目标较宜。

课堂教学目标应包含四个要素，即行为主体、行为条件、行为动词和表现程度。

（1）行为主体。即目标描述的应是学生的行为，不是教师的行为。有的目标表述成"教给学生什么"是不对的，应规定为"学生通过学习学会了什么"。

（2）行为条件。是指学生获得的学习结果能在什么条件下运用，如90%的学生能在攻防的对抗中运用足球脚内侧技术传球或停球。

（3）行为动词。用行为动词描述学生所形成的可观察、可测量的具体行为，如90%的学生能运用足球脚内侧技术传球或停球。

（4）表现程度。是指学生对目标达到的最低表现水平，用以评价学习表现或学习结果达到的程度，如30%的学生定点罚球能投中50%。

这一陈述从结构性、系统性确定了各个知识点之间的相互关系，展示了在整个概念中每一部分所处的地位，指出了教学目标的陈述是把它们有机地联系起来形成一个系统，而不是各个知识点的堆砌。

第二节　普通高校体育课程目标的定位

长期以来，人们一直依赖于布卢姆的教育目标分类学来编制课程与教学目标，这个分类从知识到创造的认知层次为课程教学的思维维度设定了结构。使用代表六种不同认知层次的动词来撰写内容目标，如表2-2所示。

表 2-2　布卢姆教学目标分类层次及动词用法

目标领域	水平层次	动词用法
认知领域	记忆	定义，列出，解释，记住，名称，标识，状态，顺序，定位，重复
	理解	解释，翻译，阐述，定义，重述，推断，总结，讨论，选择，报告，假设，分类，举例，澄清，释义，结论
	应用	应用，实现，使用，改变，演示，修改，展示，证明，描述，实践
	分析	回顾，区分，组织，发现，整合，选择，聚焦，区分
	评价	法官，检查，批评，测试，证明，评论，欣赏
	创造	创造，发明，计划，产生，设计
动作技能领域	知觉	觉察，领会，发觉，感觉到，意识到
	定向	联想，比较，分析，联系
	有指导的反应	模仿，探索，尝试
	机械动作	做出，完成，执行
	复杂的外显反应	做出，完成，实现，表现出，解决
	适应	改变，变换，调整，适应，调试
	创新	创造，产生，发明，生成
情感领域	接受	接受，接纳，认可，同意，承认
	反应	反应，反馈，表达，表明，折射
	价值评价	评价，分析，判断，评析，评议，辨明
	价值观的组织	组织，融合，建构，架构，组合，建立，解释
	价值观的个性化	养成，建立，建构，形成，塑造，展现

一、体育课程教学目标定位问题

一直以来，体育与健康课程教学目标，被知识和技能目标所框定，并且依赖如了解、识别、分析、解释等动词来表现心智处理所处的水平。实际上，我们过多地做了一个假定，认为只要给主题词添加一个动词，就会引起学生深层次的学习理解。但事实并非如此，实际上学生仅仅掌握了体育学科的表层知识，并未形成跨文化、跨时间、跨情境体育概念和概念性理解的能力，以及在日常学习与生活实际中运用体育学科思维方式分析问题、解决问题的能力。甚至随着时间的推移，有些概念或被遗忘或是似曾相识、辨识不清。教师虽然可以复述目标，即阐释与教学主题和技能关联的动词，但是当问及主题和技能中抽取的概念性理解的时候，他们往往难以清楚地表达这些观点。

体育课程教学目标通常会定位于学生知道什么。单个动词用来开展主题内容的学习，也代表了学生需要学会的体育与健康知识技能。在这个目标引领下，教师或许可以从课程标准中或是个人丰富的教学经验中抽取更多的知识和技能组织教学，但课程教学仍然被束缚在既定要求的体育学科内容当中。想要超越体育学科基本的教学内容，需要依赖教师的发挥，但常常为目标定位所限，使这种超越无法实现。

二、体育课程高阶目标定位

（一）运动能力目标定位

运动能力是指向学生学习与发展，聚焦学生日常生活劳动、参与体育活动以及从事体育锻炼或训练所具备的能力，具体表现形式可以概括为运动认知能力、技战术运用能力、体能、体育展示与比赛能力。运动能力是运动认知能力、技战术运用能力、体能、体育展示与比赛能力的综合表现，而不是单纯的知识与技能的掌握程度。通过体育与健康课程学习，掌握 1～2 项运动技能及其裁判知识和竞赛规则，能够参与组织体育展示或比赛活动，能够独立或合作制定和实施体育锻炼计划，并能够做出科学合理的效果评价及调整，显著提升日常生活劳动能力。

（二）健康行为目标定位

健康行为是增进身心健康和积极适应外部环境的综合表现，是提高健康意识、改善健康状况并逐渐形成健康文明生活方式的关键。健康行为是健康生活的具体表现和反映，也是一个人幸福生活的基石和保障。健康行为包括作息、饮食、锻炼、卫生、保健、安全等方面的行为习惯以及情绪调控与适应外部环境的能力。健康行为作为体育与健康课程教学的高阶目标，有其独特的育人价值与意义。体育的目的是健康，而健康的生活方式离不开体育，可以说体育与健康相伴相依。学生在学习体育、从事体育锻炼、参与体育活动中会自然而然地养成良好的作息习惯、饮食习惯、卫生习惯、保健习惯、安全意识、情绪调控能力以及积极适应外部环境的能力，并在生活中关注健康、珍爱生命、热爱生活，养成健康文明的生活方式。

（三）体育品德目标定位

体育品德是指在体育运动中应当遵循的行为规范以及形成的价值观追求和精神风貌，包括体育精神、体育道德和体育品格三个方面。其中，体育精神是指体育运动中表现出来的对人的发展具有启迪和影响作用的思想作风或意识形态，包括自尊自信、勇敢顽强、积极进取、超越自我等；体育道德是指体育运动过程中表现出的行为准则和道德规范，具体包括遵守规则、诚信自律、公平正义等；体育品格是指体育运动过程中个体在处理人与自我、人与他人、人与事件之间关系时表现出的品行，包括文明礼貌、相互尊重、团队合作、社会责任感、公平竞争等。

（四）体育情感目标定位

体育情感目标是指在体育活动中生成的运动兴趣、动机、意志、性格、信念等非智力因素，是终身体育意识与习惯养成的关键，具体表现形式包括运动参与、体育价值观、体育态度和信念等。通过体育与健康课程学习，帮助学生选择 1~2 项适合自己的运动项目，并作为兴趣爱好，能够使其长期坚持锻炼或参与组织相关比赛活动。体育与健康课程目标维度的具体内容如表2-3所示。

表 2-3　体育与健康课程目标维度

一级指标	二级指标	指标说明
运动能力	运动认知	1.掌握科学健身的知识和方法 2.能够独立或合作制定和实施体育锻炼计划 3.了解常见的运动损伤的预防与处理 4.掌握 1~2 项运动项目的裁判知识与竞赛规则
	运动技能	1.运用基本运动技能的能力，包括位移技能、稳定技能和操控技能 2.运用专项运动技能展示、表演、锻炼和参与比赛的能力
	发展体能	1.掌握身体素质训练的知识与方法 2.知道测量与评价体能水平的方法 3.能够独立或合作制定体能锻炼计划的程序与方法 4.实践应用有效控制与改善体形的方法
	锻炼习惯	1.积极主动参与校内外体育活动 2.掌握科学的锻炼方法，养成良好的锻炼习惯，形成基本健康技能 3.学会自我健康管理，养成健康文明的生活方式
健康行为	情绪调控	1.知道体育活动调控情绪的作用 2.学会运用体育活动的方法调控情绪，提高抗挫折能力，改善心理健康状况
	适应能力	1.提升适应自然环境变化的能力 2.学会与他人、与社会和谐相处的方法 3.提高生存和生活能力
	体育精神	在体育运动中表现出自尊自信、勇敢顽强、积极进取和超越自我等

一级指标	二级指标	指标说明
体育品德	体育道德	在体育运动中表现出的行为准则和道德规范，包括遵守规则、诚信自律、公平正义、正确胜负观等
	体育品格	在体育运动中表现出的文明礼貌、相互尊重、团队合作、社会责任感、公平竞争等
	体育动机	激发学生的体育需求和求知欲望，培养学生参与体育运动的意愿
体育情感	体育态度	体验享受体育乐趣、感受体育魅力，引导学生喜欢体育，表现出积极进取的学习态度和生活态度
	体育信念	帮助学生树立正确的体育价值观、健康观和生命观

运动能力、健康行为、体育品德、体育情感，这四个目标在达成过程中是彼此相互渗透，不能割裂的，共同促进学生成长为"完整的人"。从学生核心素养形成过程及其机制来看，运动能力是学生体育与健康学科核心素养形成的关键，它是显性的，能看到变化的目标内容。可以说，运动能力是健康行为、体育品德和体育情感养成的重要途径或者说健康行为、体育品德和体育情感是在运动能力形成、应用实践和迁移创新过程中内化生成的。健康行为是运动能力发展、体育品德和体育情感养成所指向的最终目的，也是体育与健康课程的终极目标。

第三节　核心素养驱动下普通高校体育课程目标的制定与监测

体育核心素养与高校体育教学目标之间有着密切关系。体育学科核心素养代表学校体育总体目标与预期，统领体育教学目标的制定。体育教学目标是学科核心素养的细化和具体化，需要对学科核心素养层层落实，全面对接。

一、普通高校体育课程教学目标的制定

（一）体育教学目标制定的主要依据

1. 学校体育目标与体育课程目标

学校体育目标体现了我国教育、体育有关方针和政策的基本精神，以及国家、社会对学校体育的要求，是制定体育教学目标的重要依据。教育部颁发的各级学校体育课程标准，根据学校体育的总目标，制定了各个学

年的教学目标和各项教材的教学目标，进而形成了体育教学目标体系，是教师制定具体体育教学目标的指令性依据。

2．体育教学的本质特征与功能

体育教学目标的制定，应该突出体现其增强体质、促进身心健康、发展体能的本质功能。同时，也应该在体育教学本质功能的规定下，全面考虑体育教学目标所反映的体育教学的多种功能的可能性依据。

3．学生身心发展的特点及其规律

体育教学的对象是学生，主体也要偏向学生的发展，这就要求体育教学目标必须根据青少年生长发育过程中的规律制定。学生在不同时期、不同阶段的生长发育有其固有的规律和特点，为此，要据此提出相应的目标。这也是体育教学目标制定的生理学和心理学上的科学依据。

4．实际条件和可行性

教学条件是制约体育教学目标实现的重要因素。为了保证体育教学目标的可行性，在制定体育教学目标的时候，必须从实际出发，充分考虑学校的客观条件和可行性依据。因为不同类别学校、不同地区学校，条件差别非常大，发展可能会不平衡。

（二）体育教学目标制定的基本原则

1．科学性原则

体育目标的制定是一项系统化的任务，应该坚持以教学理论为指导，将寻求目标依据作为目标研究的切入点，将目标构建应遵循的原则的研究视为制定目标时要把握的方法策略，在通过对目标依据、原则深入研究的基础上，提出体育教学目标，使体育教学目标具有科学性和合理性。

2．针对性原则

各个层次的学生身心特点不同，在制定体育教学目标上应该具有较强的针对性。根据不同年龄段学生的特点以及社会的需求，分别制定不同的体育教学目标，教学目标既要符合学生的身心发展要求，又要体现不同层次学校的特色，形成有层次、有针对性的体育教学目标结构。

3．全面性原则

构建结构完整、内涵丰富、全面的体育教学目标体系是教学理论发展的需要，也是教学实践的需要。制定体育教学目标应遵循以下几点。

（1）坚持社会需要与个体需要相结合。现代教育更加注重社会需要与个体需要的结合。学校体育作为教育的重要组成部分，应为培养社会所需的合格人才做贡献，充分体现教育的社会属性。另一方面，体育又要充分满足学生求知、求健、求乐、求发展等多方面的个体需要。

（2）坚持育体与育人相结合。体育具有多种功能，这就要求我们在追求育体目标时更注重追求育人目标，即充分开发体育"育德、健心、益智、育美、健全人格"等功能，克服体育教学经常存在的"重育体、轻育人"的缺陷。

（3）坚持短期目标与长远目标相结合。受应试教育的影响，体育教学经常围绕考试、达标而展开，忽略了对学生知、情、意、行的培养，虽然达到了运动成绩、达标率提高的短期效果，但是滞后效应却使学生无体育意识、情感、意志与行为。教育是未来的事业，体育需立足于学校，着眼于未来。既要注重学生体质的增强、运动水平的提高、追求阶段效益和目标，更要注重学生体育的知、情、意、行的培养，使学生为终身体育打好基础，追求长远效益和目标。

4．创新性原则

教学目标体系应突出体育教育的学科特点，即以传授知识技能，培养体育能力，形成终身体育意识，发展身体，完善人格作为体育教学所追求的目标。在结构排序上将体育知识技能传授、能力培养列为教学目标之首，这是对传统体育教学观念——体质观的更新，是现代体育教学理念重建的体现，增强体质固然重要，对学校体育目标而言应该是第一位的，但对于体育教学来说则是第二位的。体育课其根本职能，就是为学生保护身体健康和科学锻炼身体提供理论知识和方法的指导。因此，体育教学的首要目标应是传授体育知识，培养体育能力。

（三）体育教学目标制定的要求

体育教学目标具有共同性、灵活性、可预测性、可检测性等特点，所以，制定体育教学目标时要注意以下几点要求：

第一，应具有整体性，注意不同层次、序列教学目标的协调与衔接。体育教学目标是结构严密、层次分明、排列有序的灵活系统，无论哪一级目标的制定都应该体现出整体性，特别要把握目标系统横向与纵向之间的有机联系。体育教学目标只有形成一个纵横联结的网络系统才能发挥教学目标的系统功能。

第二，体育教学目标必须明确、具体和可量化。只有明确、具体和可量化的教学目标，才具有可操作性。也只有明确、具体和可量化的教学目标才有利于教学工作的计划性，才能为体育教学实施特别是检查与评估体育教学工作打好基础。

第三，体育教学目标应该具有一定程度的波动性。当体育教学环境等诸多因素发生变化时，势必要求体育教学目标做出一定程度的调适。所以，我们制定体育教学目标时要有一定的波动性，以便依据实际情况进行必要的修改或调整。

第四，应反映体育教学的发展趋势，并从实际出发，考虑需要与可能。体育教学目标的制定要有长远观点，反映体育教学的发展趋势，这样制定出来的体育教学目标才具有导向和激励作用。同时，制定体育教学目标又要从实际出发，全面准确掌握学校体育教学内部与外部条件及环境，将需要与可能结合起来。

以上几个制定体育教学目标的要求是相互关系在一起，需要综合考虑的，不要顾此失彼。另外，教学目标难度要适中。

1. 分析体育教学对象

这是制定体育教学目标重要的、首先要做的准备工作。分析教学对象是为了做到"有的放矢""知彼知己""因材施教"，比较全面地了解教学对象。其中最重要的就是要分析学生的学习需要。新的需要与原有水平之间有差距才会推动学生努力去学习，即产生学习的需要。学习的需要是指有关学习的"目前状况与所期望达到的状况之间的差距"，也就是学生学习成绩的现状与教学目标之间的差距。学习需要的分析就是分析教学中实际存在的问题，重点是分析学习者的学习现状。

分析学习需要有两种基本方法，一种是内部需要评价，另外一种是外部需要评价。内部需要评价是将学习者的现状与组织机构的教学目标（如课程标准中规定的教学目标）相比较，找出两者之间的差距，从而了解学生的需要。外部需要评价是将学习者的现状与根据外界社会的要求而制定的教学目标做比较，找出两者之间的差距，从而了解学生的学习需要。两者的主要区别在于目标参照系统的不同。

应用上面两种方法进行分析时，如果发现确实存在差距，也就是存在问题了，还需对问题的原因及性质做出进一步分析。在此基础上，再进一步分析解决问题的可行性，包括对资源和约束条件的分析等。通过对学习需要的分析，找出教学中存在的问题及其原因，据此确定教学目标。另外，还要对学生的生理、心理的一般特征，以及学生的体育学习风格、基础体育活动能力等进行分析，这些因素同样制约着教学目标的实现。

2．分析体育教学教材

分析体育教学教材，第一是要确定教材。教材有国家规定教材、地方使用教材以及校本教材，要根据实际需要对教材做出选择。我国是三级教材模式，也就是说在教材选择上有较大的灵活性，这是符合我国学校体育在城市与乡村、东部与西部、南方与北方等不同地区差异较大等实际情况发展的。第二是分析教材中各项教学内容之间的相互联系。有纵向联系，如从小学到中学再到大学的教材内容，范围越来越大、深度越来越深；也有横向联系，如同样是武术教材，有国内、国外，传统与现代等不同类型之间的联系。分析这些联系，可以科学地安排教学程序。第三是教材分层分析。教学内容可分为不同层次，既可将教学内容分为课程、单元、项目等层次，也可将其分为章、节、目、点等层次。分析教材中的教学内容的步骤是：

（1）单元学习任务的选择与组织。这一步骤即上面提到的教材的纵向安排顺序问题，是指为了实现一门课程总的教学目标，学习者必须学习的内容、必须完成的学习任务。通过对教学单元学习任务的选择与组织，可以确定课程内容的基本框架。选择教学内容一般由学科教师或学科教材专家负责。组织编排教学内容的方法，近几年有各种主张，影响较大的有三种：一是布鲁纳提出的螺旋式编排法；二是奥苏贝尔提出的渐进分化和综合贯通编排法，渐进分化指该学科的最一般和最概括的观念应该首先呈现，然后按细节和具体性逐渐分化，而综合贯通强调的是学科的整体性；三是加涅提出的直线式编排法。

（2）教学目标确定。

（3）目标分类。目标分类一般分为认知、情感和运动技能三类。

（4）内容的评价。论证所选出的学习内容的效度，也即是否与总目标相互一致。

（5）目标分析。对认知、情感、技能、社会适应目标要用不同的分析方法。

（6）内容的进一步评价。

3．编制体育教学目标

经过上面的步骤以后，就可以进行教学目标编制了。编制体育教学目标，一是要分清体育教学目标的种类；二是要理解体育教学目标之间的纵横联系；三是要知道体育教学目标的内容。

二、实现普通高校体育课程教学目标需坚持的原则

（一）日积月累，提高身体素质

该原则是指在体育教学中，经常性地通过适量的技能练习、各种游戏和比赛，使学生的各项身体素质得到全面发展和不断提高。

贯彻该原则要求：

第一，根据学生的身体发展状况来安排身体活动量。

第二，根据体育教学目标来安排身体活动量。

（二）因材施教，体验运动乐趣

该原则是指在体育教学中，应根据学生个性的不同、身体素质的差异和他们对体育课认知水平的不同，让他们在掌握运动技能和进行身体锻炼的同时，体验运动的乐趣，促使学生喜爱运动并养成参加运动的习惯。

这一原则是依据游戏的特性和体育教学中运动情感变化的规律提出的。体育运动充满了乐趣，乐趣是体育的特质。一个运动项目从不会到熟练掌握，人们会享有成功和乐趣感；有的项目本身就妙趣横生、充满变数，使人乐此不疲；运动中同伴之间的巧妙配合也能产生许多意想不到的乐趣；有的项目在锻炼过程中虽然充满了劳累、痛苦，但锻炼结束后，会感到一种舒畅的满足感，这都是体育运动充满乐趣的表现。

体验运动乐趣是人们从事身体运动和体育比赛的重要目的，也是体育教学的目的之一，因此，体育教学要想方设法满足学生对运动乐趣的追求。

贯彻该原则要求：

第一，对运动乐趣问题要正确理解和对待。

第二，善于从"学习策略"的角度对运动乐趣加以理解。

第三，处理好掌握运动技能与体验运动乐趣的关系。

第四，对有利于学生体验运动乐趣的教学方法进行开发与运用。

第五，为学生获得成功的运动体验创造条件。

（三）言行规范，提高集体意识

该原则是指在体育教学中，发挥运动集体的作用，将自己融入集体，

规范自己的言行，找准自己的位置，既要做好自己的工作，又要互相协助，为了集体的目标而共同努力，从而不断提高自己的集体意识。

体育教学主要在室外进行，受场地器材和活动范围的影响，体育的学习形式也经常以小组的形式来组织，这使得体育学习方式与集体形成存在内在的关联。

因此，体育教师应在教学中注重培养学生正确的集体意识和良好的集体行为，使学生学会帮助他人、关心他人，学会参与集体活动，为学生未来走向社会打下良好基础。

贯彻该原则要求：

第一，对体育教学活动中的集体要素进行充分挖掘。

第二，采用教学分组的教学组织形式。

第三，向学生提出共同的学习任务，使其相互帮助，相互合作。

第四，将集体意识和发挥个性之间的关系处理好。

（四）潜移默化，积淀运动文化

运动文化是构成体育课程内容的主要部分，包含体育知识、各种运动技能、体育运动相关媒介等各种形式和各种物化状态的内容。"潜移默化，积淀运动文化"原则是指在体育教学中，通过多种方法、手段提高学生对古今中外优秀的运动文化的认知和理解，通过对体育知识的学习和掌握以及自身的运动实践，积淀和提高学生自身运动文化的素养和水平，传承运动文化。

贯彻该原则要求：

第一，将体育教学中的认知因素重视起来，使学生能够真正学懂。

第二，对有利于学生运动认知的教学方法进行开发与运用。

第三，对"发现式学习"和"问题解决式教学法"进行科学合理地运用。

第四，运用现代化工具对学生学习的积极性进行培养。

第五，创造良好的运动文化环境。

（五）防微杜渐，保证安全环境

该原则是指在体育教学中，要创造和提供使学生安全地从事体育运动的环境，同时要对学生进行安全运动的教育，不断提高学生体育锻炼的安全意识和确保运动安全的能力。

体育技能教学是以角力活动、非正常体位活动、剧烈身体活动、器械上身体活动、持器械身体活动等构成的教学过程，危险因素时时存在。这就要求学校和教师在体育课堂教学过程中，对可预知的危险做到提前防范，对不可预知的危险做到有应对预案，为体育教学提供安全的软硬件环境，对学生进行安全运动的知识教育，把危险因素消灭在萌芽状态。

贯彻该原则要求：

第一，在体育教学中建立安全运动的规章制度。

第二，防微杜渐，对所有危险因素进行详细的考虑。

第三，制定防止伤害性事故的预案。

第四，时刻进行安全警示。

第五，将练习内容难度控制在学生能力范围内。

第六，充分发挥学生安全员的作用。

三、普通高校体育课程教学目标的监测

体育教育是普通高校教育不可或缺的一部分，体育课程目标监测必须在核心素养的驱动下，建立社会发展与人的发展的联系，实现体育教育既健身又育人的多重功效和价值。

实际上，学生对体育健身知识知之甚少。学生上课机械被动，缺少与教师合作学习、参与课程建设、做学习的主人的意识，不积极提问与课程相关的问题。教学质量基本反映在学生对技能的掌握上，素质全面教育难以实现。

当前体育课程目标监测就是对学生学习意义价值的一种引导，直接影响学生的学习方向和目的，只评价技能的水平及出勤的次数，自然造成上述所说的问题，究其根源必须改变现行的目标监测体系，与市场经济发展建立必要的联系。

在核心素养的驱动下，站在市场经济的角度思考体育课程目标监测定位，是最近距离的与教育的真正目标、与市场相融合。社会是最能说明普通高校教育质量的优劣，体育课程目标监测体系的定位必须与市场经济对核心素养人才的要求建立紧密的联系，体育教育才能为高校教育贡献自己的力量，才能在市场经济发展中体现自身的价值。

对学生的成绩评定基本还是以单一的运动能力和身体素质的"量化"作为最终的指标进行监测。市场经济的发展，各行业要求用多元化的量化的数字概括说明其质量及业绩，它的目标和监测是全方位的、系统的。对照这样的监测，体育课程的目标监测缺乏对学生与教师的合作意识、创新能力、适应能力、人文修养等非智力的社会性因素进行教育和监测，现在的监测与市场经济发展对人才的需求脱节，体育课程目标监测滞后，有失全面教育和可持续发展教育的需求，学生盲目地完成监测要求，终身体育难以实现。

体育教育是进入全球化时代的文化的一部分。各行业领域为谋求更好地持续地发展，纷纷进行整合、合作、对话，体育教育无一例外要更好地持续地发展，核心素养驱动下，课程监测中运动能力也应与其他文化等进行对话，它可以进行体育与人的健康发展、与为社会服务、与其他学科进行整合的多元发展。经济发展到今天，体育教育的目标不应局限于强身健体，应归还他原本的体育教育在人生哲学、与个体的信仰、情感相联系的特殊作用。

目标监测制定中要重视对个人成长的意义和价值。突出学校体育的教育价值，使其特有的教育潜能得到发挥。增加体育学科的科技文化含量，强调实用化、生活化、多样化和综合化，增加学科间的合作和整合，这既满足了核心素养发展的需求，也延伸了教育的可持续发展，突显了体育教育的价值。现阶段高校可以开设进行目标监测的课程有，运动与自我保健、体育与营养、形体姿态礼仪与服饰等。

核心素养驱动下，市场经济的人文化的管理和经营是为创造更好的合作氛围、更充分地调动人的积极性。体育课程目标监测"人本化"的定位是以求达到先做人再学智慧的育人目的及体现对学生的激励、教育和促进其积极主动学习的作用。

尊重个人价值和学生自身的满足，注重学生学习的过程和优秀表现，考量肯定阶段性的进步，以达到用人文化的评价标准去影响教育学生做个完整的人。

以往的监测主要针对项目的技能水平，教师讲授的相关的健身理论、锻炼意志能力的培养并未列入课程目标监测范围，大部分学生掌握的是不系统的断章枝节，"健康第一"递减为"分数第一"。市场经济发展对个体健康的需求是毋庸置疑的，"健康第一"是体育教育的首要任务，把教、学、练、监测统一起来，实现知识、技能传授的教学过程与锻炼、养护的健身过程、体育意识、习惯、能力的培养过程心理与社会适应能力的锻炼过程及督促、结果监测的和谐统一。

上述体育目标监测定位的方法设立的项目是具有一定代表性的在有限的空间内尽可能创造最广的教学效果、最深、最长久地影响学生，需要大量的相关工作者改变长期以来普通高校体育课程建设中照搬体育运动项目教学的做法。学校体育蕴含着丰富的先进文化，是培养学生人文精神的重要途径；普通高校体育教育是对学生进行现代化生活方式的教育；是连接学生和自然、学校和社会，促进国际合作交流的重要纽带。

第三章　普通高校体育课程教学内容与教学策略体系构建

体育教学内容作为体育教学中的一个重要因素，它影响着整个体育教学活动过程。而体育教学策略的制定对达成体育教学目标与收益起着重要的意义。本章探究的是体育教学内容的选择与发展，分析了体育课程开发路径，论述了体育教学策略解析与构建。

第一节　普通高校体育课程教学内容的选择与发展

体育教学内容既是联结教师与学生的纽带，又是师生进行信息交流的载体。体育教学内容往往制约着体育教学方法和教学手段，也是直接关系到体育教学目标和课程目标实现的关键要素。过去的体育教学大纲中有明确的教学内容安排，现在只给出了体育课程标准，因此，在教学中必须对具体教学内容进行选择和组织。

一、体育教学内容选择的主要依据

（一）体育课程目标的实现

体育课程内容是实现体育课程目标的手段，而不是目的。体育课程目标的多元性以及体育运动项目和身体练习的可替代性增加了体育课程内容选择与组织的多样性。因此，在选择体育课程内容时就应该依据一定的标准。体育课程目标是选择组织课程内容的主要依据，这是因为体育课程目标作为体育课程编制各个阶段内容的先导和方向，作为对学习者的理想期望，是专家、学者、教师等经过周密思考，认真研究社会、学科、学生等不同方面的特点与需求的结晶。体育教学内容的选择必须依照目标进行，即有什么体育课程目标，便有什么体育教学内容。

（二）学生身心的健康发展

在进行体育教学内容选择时应该考虑学生的需要。体育教学的目的是促进学生的身心健康发展，因此在选择体育教学内容时，要充分考虑学生的体育需要和兴趣，这对于有效的学习是非常重要的。学习是一个主动的过程，这个过程需要学习者自身积极的努力。

一般来说，当学习者遇到感兴趣的事情时，学习者就会主动参与其中，从而进行有效的学习。当学习是被迫的而不是从学习者真正的兴趣出发时，这种学习相对来讲就是无效的。据目前的许多调查结果表明，现在大多数的学生喜欢课外体育活动，却不喜欢上体育课，其中一个重要的原因就是对教学内容不感兴趣。学生的身心发展规律与特点决定了其对教学内容的接受程度，体育教学内容必须是学生经过努力后可能会接受的内容。因此在体育教学内容的选择过程中，就需要根据学生的特点确定教学内容的深度、广度和难度。

（三）社会生活发展的需要

学生个体的发展总是与社会的发展交织在一起。体育教学是为学生的未来健康打基础的，因此，在选择体育教学内容时，就必须考虑现实社会与未来社会的需求。选择的体育内容不可忽视未来公民适应社会发展所必需的体育素质。

（四）体育教学素材的基本特性

体育教学素材的最大特性就是其内在的逻辑关系不强，这使得在安排教学内容时无法完全按难易程度和学生的准备条件来排列素材的顺序。体育教学内容的划分通常只是以运动项目来进行，划分后的教材之间又都是平行和并列的关系，如篮球和排球、体操和武术等，他们看似有某种联系，但又看不清是什么样的联系，更说不清这些教材应谁先谁后，谁是基础课程谁是提高课程，并且还无法从学科内容本身找到其内在的规定性和顺序性。

体育教学素材的第二个特性就是数量极大，内容很庞杂，而且很难归类。人类几千年来创造出的体育运动项目多得让人无法数清，同时各项运动技能对身体素质的要求也多种多样。这就是体育教师难以精通全部体育项目的原因，也是只有体育师资培养才提出了"一专多能"要求的缘故。

体育教学素材的第三个特性是"一项多能"和"多项一能"。"一项多能"是说一个运动项目可以达到许多体育目的，也就是经常说的"目标多指向性"，如有人用健美操锻炼身体，有人用健美操进行娱乐，也有人用健美操来表演。其实很多时候做健美操的同时就可以把几个功能都同时实现了，一个人掌握了一项运动就可以为自己的多种目的服务。"多项一能"是指体育内容的相互替代性，一个人不必拘泥在某一个项目上，进行不同的项目也可以达到同一种目的，这个特性使得体育教学内容中没有什么非学不可和无法替代的运动，也就是说体育教学内容没有很强的规定性。

体育教学素材的第四个特性是每个运动都有各自独特的乐趣。如篮球和足球的乐趣是在激烈的直接对抗中运用自己的技术和队友之间的配合将球攻入对方的篮（门）中；隔网类运动在于双方队员在各自的场地中进行巧妙的配合，通过多次网上往返和争夺后，对方无法将球击回而取胜；体操运动则在于控制自己的身体以达到一种难以完成的非正常体位，以体验其中的乐趣；目标类运动（保龄球、飞镖、高尔夫球、台球等）的乐趣在于通过长时间锻炼来达到操作的稳定性，并在实践中用精确结果来验证自己的预想能力，并从中获得快感和自信；户外型运动的乐趣在于获得征服自然后的超越感，在优美或险恶的环境中检验自己的能力。体育运动的这个特性使人们在体育教学中无法忽略运动的乐趣，这也是为什么会有"快乐体育"的理论和实践存在，并能在很大程度上指导体育教学改革的原因所在。

二、体育教学内容选择的基本原则

（一）趣味性原则

兴趣是最好的老师，在选择体育教学内容时，一定要根据学生的年龄和性别特点，选择那些学生感兴趣的、娱乐性比较强的、社会上广泛流行的体育素材。毋庸置疑，许多竞技运动项目都具有健身价值和教育价值。

但是，由于我们长期以来只是关注竞技运动项目教学的系统性和完整性，并把培养运动员的教学方法带进了体育课堂，结果使许多学生对体育课的教学内容失去了兴趣。

（二）教育性原则

在面对体育素材的时候，首先应从教育的基本观点去审视它们，看它们是否符合教育性原则，与国家、社会的价值观念是否冲突；看它是否对学生的身心发展有利，包括是否有利于学生的身体锻炼。体育课程内容的选择应该紧扣体育课程的主要目标，把"健康第一"的指导思想作为确定体育课程内容的基本出发点，同时重视教学内容的体育文化含量，以增进学生的体育文化修养。

学校体育应以培养学生在品德、智力、体质等方面的全面发展为目标，坚持理论和实际相结合的原则，既要讲述人体科学知识，又要取得锻炼身体的实际效果，还要使学生增进体育文化修养，受到思想品德教育，促进身心双方面的健康发展。体育教学内容的选择要符合不同学段学生身心发展的特点和规律，充分考虑学生的个体差异与不同需求，确保每一位学生受益。体育教学内容的选择还要符合不同地区、不同学校的实际，确保较大的选择空间和灵活性。

（三）实效性原则

未来的体育课程是一门以身体活动为主要手段、以增进大学生健康为主要目的的课程。可以这样认为，一切对学生健康有利的教学内容都可以被纳入选择的范围之内，这可使未来体育教学内容更加丰富多彩。

所谓实效性，简单地讲就是某一活动是否实用、是否简便易行、是否有助于学生的身心健康。在教学内容的改革方面：要改变教学内容"难、繁、偏、旧"和过于注重书本知识的现状，加强教学内容与学生生活以及现代社会和科技发展的联系，关注学生的学习兴趣和经验，精选终身学习必备的基础知识和技能。因此，在选择体育课程内容时一定要注意，既要选择与学生自身的体育学习兴趣和经验相接近的，又要选择大众喜欢的、社会上比较普及的，并有很好的健身娱乐效果的运动项目，为终身体育奠定基础。

（四）科学性原则

选择教学内容要注意健身性和兴趣性，并不意味着未来的体育课程就不关注教学内容的科学性。这里讲的科学性有三层含义。

第一，教学内容要有利于学生身心的协调发展。有些内容有利于学生的身体健康，但不一定有利于学生的心理健康，反之亦然。教学内容要努力使学生在愉快的活动中促进身体的发展。

第二，教学内容要有利于学生了解科学锻炼的原理和方法，从而增强学生锻炼的自觉性和积极性。

第三，教学内容本身的科学性。由于今后国家对教学内容的选择不做统一具体的规定，因此要注意防止一些不科学的活动内容进入体育课堂。

（五）民族性与世界性相结合原则

所选择的体育课程内容既要汲取我国民族传统体育素材中的精华，又要借鉴和吸收国外体育课程内容设置的经验和合理内核；既要打破故步自封的局限性，又要防止崇洋媚外和囫囵吞枣的做法。体育课程内容的选择还应做到与时俱进，体现出时代性、发展性、民族性和中国特色。

三、体育教学内容的发展

（一）体育教学内容的深刻反思

1. 竞技体育项目教学化

长期以来，竞技体育项目充当着体育教学的主要内容。由于运动训练与体育教学有着本质的区别，在实际的体育教学中又一味地按照竞技体育的标准要求学生，因此出现了学习内容枯燥、难度较大、教学效果不佳等问题。针对于此，必须对竞技运动项目加以改造，以适应体育教学的需要。体育教学内容的当务之急是如何改造竞技体育运动项目，使竞技体育运动项目符合体育教学内容的要求。

2. 体育教学内容与健康教育的关系

体育教学内容本应该和健康教育融为一体，但一直以来人们比较忽视理论或基础知识的精选与传授，认为体育教学就是上实践课，或者说是很多会上体育实践课的教师都不会上健康教育课，而很多会上健康教育课的教师又不会上体育实践课，这导致体育教学和健康教育的关系变得十分僵硬。随着"终身体育"的提出，人们认识到，体育必须同卫生、保健相结合，学生必须科学地锻炼和保健才能健康。理论与实践必须有机地结合，这对于体育教师来说是一个大挑战。

3. 体育教学内容是多样化还是重点突出

同其他的学科相比较，体育教学的内容在横向上要丰富得多，而其他学科教学内容多表现为纵向上的逻辑递进。随着"终身体育"思想的出现，特别是针对由于目前体育教学内容太多，学生学不会的弊端，有些学者提出了只教会学生一项运动技能的观点，用这一项内容就可以满足终身体育的需要了。

但也有诸多的反对者，他们认为，这一观点对于庞大丰富的体育文化知识宝库来讲太狭小了，一个项目不可能满足儿童、少年、青年、中年直至老年的体育运动兴趣，这是一种片面的终身体育观，项目太多和项目太少都不是可行之路。因此，学者们正在探讨小学、初中的多样化教材内容和高中、大学选择特长项目的设想。

（二）体育教学内容的发展方向

1．从只注重提高身体素质向身、心、适全面发展的方向转化

由于体育教学内容的选择受教育思想、方针政策的影响和制约，也受学校体育的功能和目标的制约，学校体育课曾一度变成了以提高学生跑、跳、投等身体素质为目的的达标课。《中国教育改革与发展纲要》出台以来，素质教育成为学校教育的主旋律，全面发展学生的素质就成了学校教育义不容辞的责任，体育教学内容的选择与确定，必须符合素质教育的要求，全面发展学生的身体、心理素质以及社会适应能力，使之成为全面发展的社会主义建设者。

2．从教师价值主体向学生价值主体转化

体育教学内容的选择与确定，不仅受价值观念、社会发展水平、学校教育发展水平的制约，还受教师与学生的价值观念的制约。在1997年以前的体育教学大纲中，体育教学内容的选择与确定，更多体现的是体育教师对体育教学内容的价值取向，为了教师的"教"而选择体育教学内容。然而，随着学校体育课程改革进程的不断加快，体育教学内容的确定与选择将更多考虑的是从学生的需要出发，更多体现的是学生对体育教学内容的价值取向，即为了学生的"学"而选择体育教学内容。

3．向不同学段逐级分化和从规定性向选择性方向转化

过去的体育教学大纲在确定体育教学内容时，试图从综合性极强的体育学科当中寻找运动项目之间的逻辑关系，把所选择的体育教学内容按照一定的逻辑关系进行体系化，而体育教学内容恰恰缺少逻辑性，这给我们的教材安排出了一个难题。而未来的体育与健康的教学大纲在选择体育教学内容时，更遵循体育学科自身的内在规律，把一些学生喜闻乐见的、健身性、娱乐性、时代性强的体育素材选入体育课程中，并对不同年龄阶段和学段的教学内容提出要求，并且在高中阶段以后要实施"选择制教学"。

4．应考虑终身体育目标的要求

学校体育为终身体育打基础是当今世界学校体育发展的大趋势，要实现终身体育的终极目标，则需要学生学习终身参加体育所需的技能、知识和态度。因此，应处理好教材的健身性、运动文化的传递性与娱乐性的关系，精心选择既有健身价值，又有终身运动性质的大量生活中常见的运动作为体育教学内容。

5. 及时吸收新型体育项目、娱乐性项目和民族传统体育项目

随着社会的进步，物质生活水平的提高以及大众体育的蓬勃开展，新兴的运动项目和娱乐性体育项目不断涌现。大学生喜欢追求时尚，当然也喜欢新兴的、娱乐性强的体育运动项目。因此，体育教学内容应一改以往十几年来传统体育教材一直占统治地位的局面，把旱冰、攀岩、有氧操、跳绳、独轮车等形形色色的运动作为学校体育的教学内容。另外，我国是一个多民族的国家，民族体育源远流长，这些民族项目既各具特色，又有良好的健身价值，在未来的体育教学中完全可以根据当地民情加以适当地选用。

（三）构建体育课程内容新体系

体育课程的内容从整体上说应当是丰富多彩的，这不仅可以为教师和学生的选择提供可能，还有可能是体育课程内容进一步构建新体系的理论依据。体育课程内容新体系的构建与学生的体育需求扩大和体育功能扩展相关，"健康第一"的指导思想进一步为体育课程内容的拓展提供了思路。为了使学生进一步和社会相结合、和学生的日常生活相结合是当代体育发展的一个重要趋势。

因此。体育课程内容应该进一步拓展，并构成新的体系。体育课程内容应该包含以下五个方面。

1. 身体教育

身体教育是指以健身为目的的体育教育。它的发展目标主要定位在提高人的基本活动能力，包括走、跑、跳、投、悬垂、支撑、攀登、爬越等；发展人的运动素质，特别是与健康相关的运动素质：身体成分、肌肉力量、有氧耐力及柔韧性。

2. 竞技体育

竞技体育主要是指适应学生身体条件、年龄特征和兴趣爱好，以专项运动项目为主要内容的教学内容，这类内容受到了学生的广泛欢迎，但是不宜照搬对运动员的要求，在动作难度、运动负荷的要求方面应当适当，

可以对正规的运动技术进行改造，以适应学生的实际情况。

3. 娱乐教育

娱乐教育是指愉悦身心的娱乐、休闲体育，包括活动性游戏和表现舞蹈等。娱乐教育可以和日常生活密切结合，在家庭、学校、社区等环境灵活地展开。各个民族均有丰富多彩的娱乐教育活动，把它引进作为体育课程的内容是一种有益的选择。

4. 保健教育

保健教育指安全、健康地从事体育运动的有关知识与技能，也包括一些必要的生理卫生和保健知识。在体育课的教学过程中，特别要引进运动处方的理论与实践，使保健教育与体育运动实践密切结合起来。

5. 生活教育

生活教育指防卫训练、拓展练习、冒险教育及健康生活教育。当前，广大学生受城市化的影响，生活优越，但内容单调，很多学生希望选择新鲜的环境，接受自然的熏陶，走向自然，走向生态，维系生命，追求时尚已成为新的价值追求，而正是这种价值追求，为拓展新的体育课程内容提供了可能。

第二节　普通高校体育课程的开发与路径探索

一、体育教学理论与实践问题探讨

教学理论是一定历史时期和社会发展的产物，它的产生与发展不仅烙印着历史的转向和发展，也折射着时代的诉求。因而，尽管我国古代有着丰富、博大的教学思想，但现代意义上的教学理论却是"舶来品"。这揭示出中国学校体育一百多年以来教学理论是在引介、撞击与融合的进程中交替演进的，其发展轨迹是一个引进消化与本土化的过程。检视它的演进可以发现，每一次教学行为方式的诞生与教育观念之间的转换都是现代教学理论在我国的演绎。这种"演绎"虽然促进了我国学校体育教学的发展，但由于与本土化不符，也产生了"教学理论脱离实践""教学理论实践乏力"等缺陷。它既有缺陷与不足，又有借鉴与启示。因为它能够把世界先进的教学成果"马克思主义中国化"，帮助人们获得认识和建构中国特色学校体育教学理论的视角，寻找提炼自身的问题，实现真正的飞跃，找到一条有效、便捷的本土化教学理论的创造之路。因此，吸取其经验与教训，策励其不足之弊端。帮助人们进一步认识这些不同成因和实质演进的关联，这对于更好地促进学校体育教学理论的建设与发展，无疑有着积极的意义。

应该说，鉴于国情和历史间距的存在，我国学校体育教学理论的发展轨迹，更多的是引介而非生发，改造而非创造。自 20 世纪 80 年代以来，随着我国教育改革的蓬勃发展，教育科学研究创新空前繁荣，众多新兴的国际教育教学理论被引入国内，并在体育课程改革中得到了发展。这些教育理论使广大教师能够在拓宽视野的同时，形成教育实践的新视域，最终构筑起教育实践的新行为。应该说，这对于推进我国体育教育理论的研究和实践工作发挥了积极的促进作用。但也应意识到其存在的以下问题：

（1）由于每一理论和实践潮流都是与其产生的特定文化背景相联系的，都是特定时代的表达，都是由深藏其后的特定学习方式所支配的。因此，在实践中也较难以本土化，较难为广大基层教师理解掌握。

（2）不同的教学理论分属各家各派，论述零散，观点凌乱，导致广大基层教师难以系统整合理解掌握。难以确切认识各种教育主张的实践意义，难以梳理教育理论的源流关系。

（3）由于教学理论的研究一般涉及教学过程的若干方面，还不能反映整个教学过程的规律性现象，在工作中不好操作，因此在实践中推广应用这些理论观点时容易陷入片面的思考。另外，这些教学理论中的新观点、新模式层出不穷，既相互促进又相互抑制，极易产生强调教学过程中的某一方面，而忽略了整个结构的平衡的观念，使人眼花缭乱、无所适从，致使理论乏力。

（4）由于教学理论是"舶来品"，未能结合国情特色进行"中国化教育"改造。受民族文化的制约其内在的教育意蕴往往难以与我国本土环境对接，得到充分敞开和展示，这就导致教师从客观上对其实践的路径难以把握，不能对这些理念进行认知上的转换与相互借用。不能被广大体育教师充分认识、接受、运用。

综上而知，这些问题使得广大体育教师，可能在教学中会对这些理论表示怀疑，使这些理论无法顺利传播、应用，以致广大教师虽然在变迁的急流中渴望理论指导，但是理论指导与实践需求又难以契合。"新教学理论脱离实践""新教学方法乏力"的指责不绝于耳。

因此，如何对照分析、理解把握国外教学理论，结合国情探寻其发展路径，对原有的思维进行检视，整合教学理论研究成果，改变求新与误解的状态，反思改革与发展的经验与教训，构建中国本土化的教学理论，就成了 21 世纪体育教学建设和发展的任务与热点。

二、体育课程开发的意义

（一）有助于国家体育课程的实施与改进

我国疆土辽阔，人口众多，各地经济发展极不平衡，人文环境差异很大。国家课程实施在一定程度上有其不足。体育课程开发是各校根据本校的实际情况，自主开发的，以身体练习为载体的课程。体育课程开发中课程的规划、编制、实施、评价的"一体化"，能避免国家及地方课程开发中相互分离的现象，更好地体现课程的一致性和连续性。并且，体育课程开发过程中的"一体化"可以使学校的人力、物力、财力等现有资源得到充分地利用、整合，形成育人的合力。这种课程不仅能有效调动体育教师实施《体育与健康课程标准》的积极性、主动性，还能使学校的体育课程资源得到更充分合理的配置，弥补地方课程的不足，提高体育教育成效，有力地推动学校体育课程的改革。

（二）有助于形成学校体育教学特色

特色课程的构建是实现学校办学特色的重要载体。学校体育特色，是指一所学校在体育方面形成的带有普遍性和相对稳定的一种集体的体育行为风尚，它是学校体育的一种氛围与环境。体育课程开发能有效地结合体育学科的特点和独特功能，充分挖掘和利用各地区、各民族、各学校丰富的体育资源，走出一条基于学校体育现实的特色化道路。这十分有利于学校发挥各自的优势，形成自己的体育特色，因此，体育课程开发是形成学校办学特色的重要策略之一。

（三）有助于培养学生个性与兴趣

体育课程是根据本校学生的实际需求和兴趣爱好而设立的课程，可以照顾到本校学生的体育兴趣和特长，有较强针对性，这有助于学生个性潜能的挖掘与强化。同时，课程开发的理念是尊重个体的独特性和差异性，是以学生需求为主而不是以体育学科知识为主，体育课程以其实践性、体验性、多样性、灵活性、开放性、自主性更好地体现出学生的主体地位，满足了学生体育学习的兴趣和特长。

（四）有助于促进体育教师的专业化

课程的改革在于人的改革，课程的发展在于教师的发展。在体育课程开发中，体育教师是"平等者中的首席"，即课程开发的核心。这充分体现了体育教师在课程开发中的主导者、设计者、实施者的地位。同时体育课程开发是一项创造性的工作，需要体育教师勇于探索，敢于创新，能突破陈旧的思维方式和体育教学模式；善于对体育资源进行加工和改造，把资源优势转化为课程开发优势；并努力寻找与学校其他课程的整合开发，将最优化地体现体育作为课程载体的优势。因此，在体育课程开发的过程中，教师的个性化思维能力和创新能力得到了提升，教师的专业精神、专业知识、专业技能也得到了升华。

（五）有助于促进体育教育的合作和交流

体育课程开发虽然是在学校展开、以学校体育教师为主体的开发活动，但也需要外部的支持与帮助，这种帮助体现在两个方面：一是寻求体育院校与教育科研部门研究者的帮助，学校主动与高校及科研院所建立联系，这有助于促进高校与科研单位之间合作伙伴关系的建立；二是与其他高校的联系，体育课程开发需要借鉴他校的经验，同样也会促进校与校之间的合作和交流，有利于共同取得进步和促进发展。

（六）有助于多元民族文化的弘扬

新课程提倡开发"民族、民间"体育传统项目为课堂教学内容。体育课程开发多以各地、各民族丰富的传统体育活动项目为主要内容。各民族传统体育活动具有多元文化特征、多元价值功能和浓郁的民族文化特征，在活动内容和形式上，有的体现了浓厚的民俗生活和民族宗教气息，有的反映了人们对自然的崇拜，有的项目呈现了生产、生活方式，有的折射出骁勇善武的民族精神等。所以，根据各校所在地与民族、民俗文化特点开发的体育课程，不仅对学生的身心发展有利，还对弘扬多元民族文化有重要意义。

三、体育课程开发的方法与路径

（一）建立体育课程开发组织

建立组织即成立课程开发委员会或相应的工作小组：这不但为整个

课程开发提供了必要的组织保证，而且其本身也应该成为一个提供支持和服务、增进交流、对话和理解、增强凝聚力和归属感的过程。这一阶段的工作主要有：一是确定课程开发小组的成员，成员一般由学校校长、体育教师以及体育课程专家等组成；二是安排比较详尽、操作性强的工作流程。

（二）进行课程情境分析

情境分析是体育课程开发顺利展开的前提条件，只有对各种校内外的情境进行科学的、充分的了解和评估，才能开发出真正适合本校实际情况的体育课程。情境分析可分为校内情境和校外情境两部分。

校内情境分析主要包括对学校体育与健康课程开发的人力资源情况、学生特点和需求、体育经费、体育活动场所、设施、器材等进行综合评估；校外情境分析包括对社区文化特点、体育传统及其他各类体育资源情况、家长对课程开发的态度、教研人员、课程专家的合作等状况的评估分析。

1. 校内情境分析

（1）对学生体育学习需要的分析

包括：①学生群体基本情况；②学生身心发展特点；③学生的体育兴趣与需要；④学生的体育学习基础和能力；⑤学生的情感和社会适应能力；⑥学生的学习品质。

（2）对学校相关条件的分析

人员分析：①体育教师的数量、知识、经验、态度和能力等。②其他相关教育人员的专业、学历，对体育课程开发的态度、经验等。

体育设施条件分析：①体育设施如现有体育教学设施的数量、质量、品种、保养、维修、制度、使用率等。各种体育课程材料及图书、资料的数量、质量等。②信息技术条件如多媒体设备、互联网等。

（3）对现行体育课程的不足进行分析。

对现行体育课程不足进行分析的目的是查找出现行体育课程与学校实际不相适应的问题，以便找准体育课程开发的位置。这部分要调查的内容有：对现行体育课程不适应学校及学生需求的方面进行诊断，及时获得课程方面的问题；查找学生现有体育知识和能力存在的不足；澄清现实和理想之间的差距；分析应该做且有条件做好但却没能做好的方面，以及如何改进。

2．校外情境分析

校外情境分析主要包括：社区对该校的期望、社区人文环境、社区体育物力资源、社区体育人力资源、家长的资源及其态度、体育课程专家可能支持的程度等方面。

（三）制定体育课程目标

学校教育目标是学校所要培养的人在接受教育后应该达成的基本要求。课程开发的实质就是依据学校教育目标建构学校的总体课程，并据以实施、评估、改善的过程。学校教育目标制定以后，如何联结学校教育目标同体育课程开发的关系非常重要。为求体育课程开发活动能够有效地实施，并达成预期的目标，就要把抽象的、理想的学校教育目标细化为有层次的分段目标，并考虑达成这些目标的具体方式和步骤。学校的教育目标必须转化为体育课程目标，并进一步转化为包含不同领域的体育课程目标，通过教学来实现这些目标，进而实现体育课程目标，最终实现学校教育目标。

（四）确定课程内容与编写开发方案

1．确定课程内容

根据目标以及当时的社会、社区、学校的特定情况，选择基本的课程内容。课程内容的组织主要考虑内容的排列、秩序和统整，其共性要求是体育知识、体育技术和技能的逻辑性与青少年的心理发展相统一。

2．编写开发方案

体育课程开发方案是课程开发的具体规划和行动指南。这一环节先是以体育教研组长为核心、体育教师共同参与完成，并拟订方案初稿；再以会议或其他形式取得全体参与人员的共同理解，达成共识；最后由校长审定向上级主管部门申报和备案。具体包括以下工作内容。

（1）确定学校体育课程开发的基本方针。全体参与课程开发的成员首先要了解和把握相关体育课程改革的资料和精神实质，结合本校教育总目标和课程目标，经充分讨论后达成共识，继而展开课程编制工作的相关计划。

（2）确定人员的分工和任务。课程开发方案中还应确定参与人员的分工和权限，明确各部门人员的关系，以便各部门通力合作，完成学校体育课程的构建。

（3）确定开发流程和时数安排。有计划地开发流程会使后面的工作更加顺利。要根据学校课程开发的长期、中期、短期目标设计科学的开发流程。同时体育课程在教学与课余活动中的比例、时数的安排也十分重要，特别是体育课堂教学的节数、课余体育活动的比例安排等。

（五）课程的培训与实施

1．校本培训

校本培训是课程改革的配套措施。课程开发以学校为基地，以体育教师为主体。所以，课程方案设计之后，不仅要对全体体育教师进行培训和解释，同时还要和学校其他相关人员、家长、社区人员进行沟通和说明，这样才能有的放矢、优质高效地实施校本课程。

培训要解决的主要问题有:强化课程意识;明确体育课程开发的意义，了解体育课程开发的含义和特点；领会体育课程开发、组织的基本理论和基本思路，掌握编写"体育课程纲要"和体育课程教材的方法和技能；领会体育课程教学的特点，开展生动活泼、优质高效的教学活动。

2．实施课程

体育课程目标的达成必须通过课程实施。实施课程是开发组成员将已经规划好的体育课程付诸实际教学的过程。体育课程实施的途径有：体育教学、大课间体育活动和课外体育俱乐部。学校隐性体育课程是利用社会力量和学校资源、实施体育课程的又一拓展途径和形式，包括学校运动会和体育节等。

四、普通高校体育课程教学评价

（一）体育课程教学质量评价的理论分析

核心素养的提出，进一步明确了现阶段我国教育教学的目标由重视学科知识技能向育人目的转型，标志着课程教学质量评价将由学科内容评价转向学生核心素养评价，这对课程教学质量评价也提出了更高的要求。

1．体育课程教学质量评价理念定位

体育课程教学质量是指大学生在完成体育课程模块学习后，表现出来的学业成就。体育课程教学质量评价不仅是对学生学习效果的检验，也是对教师课堂教学的有效反馈。通过教学质量评价，教师可以检验学生对阶段学习内容的掌握情况、核心素养的养成情况，并针对学生的学习效果调

整教学内容、改进教学策略。评价理念是体育课程教学质量评价的指挥棒，对评价类型和评价方式的选择起到决定性作用。基于此，明确体育课程教学质量评价理念定位是重中之重。

新课标明确阐释了高校体育与健康课程旨在培养学生运动能力、健康行为和体育品德三大核心素养，进一步明确了教学质量评价须由重知识技能的掌握程度向育人目的转型，对体育课程教学质量评价提出了更高的要求，原有的评价目标、对象、方式等也应随之发生改变。教学质量评价的目标不应只关注对知识、体能、技能的评价，更要注重学生健康行为和体育品德养成情况的评价，要求学生能够自主分析、判断学习过程中存在的困难与不足，进而改进学生的学习；与此同时，还要关注对学生进步幅度的评价；教学质量评价的信息由单一信息向多元、多模态的信息转变，通过多种方式收集学生的行为表现，为教学评价活动提供证据，为学生各个阶段的学习留下回忆；教学质量评价的任务由非典型场景评价转向真实化、生活化、趣味化的评价，注重学生对学习内容的再认识，追求学生对习得的知识技能的运用；教学质量评价的方式由显示化、总结性评价向嵌入式、伴随式和隐形性评价转变；教学质量评价的反馈也由滞后反馈、群体反馈向即时反馈、个体反馈转变；传统的教学反馈，通常要等一个学期结束后对学生进行标准化的测验，而后根据测验结果了解学生对学习内容的掌握情况，再调整下一阶段的教学计划。

核心素养导向下的体育课程教学质量评价，需要教师强化对过程性评价的运用，实时掌握学生每一节课的学习情况。在课堂教学活动的过程中，发现学生存在的问题，为学生学习提供个性化的方案，及时引导学生进行改进。教师也可以根据教学质量评价了解学生学习目标的达成情况，及时调整教学计划与教学内容，充分发挥过程性评价即时反馈、即时证明的特点。

2. 体育课程教学质量评价类型分析

体育课程教学质量评价的类型是指以一定的标准为依据划分出的教学质量评价的种类。由于评价所包含的领域多、范围广，所以结合体育课程教学质量评价的实际需要，从评价的效用、标准、主体、方法等角度，把体育课程教学质量评价划分为不同类型。

（1）依据评价效用的区别划分

第一，过程性评价。过程性评价是指在普通高校体育课程教学活动过程中，是对学生在学习过程中表现的学习行为及进步程度的评价，其目的是及时了解教学活动进行的状况，以便教师能对教学活动进行有效的调整，保证教学活动目标的实现。如在普通高校足球课教学活动过程中，教师对学生进行过程性评价可以测定学生对某一具体教学内容的掌握情况，对掌握较好的学生起到强化作用，对尚未掌握的学生指出所应达到的目标或者在学习中存在的问题及原因，提供克服困难、修正错误的有效途径。教师也可以通过即时评价发现自身教学中的问题，通过调整、改进教学方法促进教学目标的达成。

第二，终结性评价。终结性评价又称为总结性评价，指某一学期或模块学习告一段落后实施的评价，主要是为了判断评价对象是否达到预期目标、任务完成情况以及最终成效，以便对其进行鉴定、等级划分，或对教学效果达成情况进行评定。终结性评价简便易行，通常也较为客观，评价结果容易被人理解和接受。

第三，诊断性评价。诊断性评价是指为使计划更有效地实施，在某体育教学实践活动开始前进行的预测性、摸底性评价，其目的是收集必要的信息资料，摸清评价对象的基础和情况，分析存在的问题，从而找到解决问题的办法，为教学活动计划的顺利实施提供依据。其主要手段是测验，如准备性测验、分置性测验、特殊设计测验等。

（2）依据评价标准的差异划分

第一，相对性评价。相对性评价又称为常模参照性评价，是指在一个班集体内，以被评价对象所处的水平，与班集体内其他个体相比较的形式而进行的评价。相对性评价的目的是了解评价对象在整个班集体内或集合中的相对位置以及和其他个体的差距，以区分优劣。通过相对性评价，能够使每个评价对象认清自己与集合中其他对象的差异，本质上具有一种强烈的竞争机制。在体育课程教学质量评价活动中，多用于选拔性和竞赛性的活动。相对性评价标准的确定，一般以被评对象的整体状况为依据，评价标准因评价对象整体状况的不同而有所差别。

第二，绝对性评价。绝对性评价也称为目标参照评价，是指以既定的目标为标准，对评价对象达到目标的程度进行的评价。其目的是通过评价确定评价对象经过一段时间的努力是否达到预设目标或达到预设目标的程度，从而做出价值判断。绝对性评价标准明确、统一、透明度高、易于操作，容易使受评者理解和接受，通过被评价者很清晰地了解到自己水平的高低，找到自己与客观标准的差距，易激发他们为达到目标而努力，主要用于合格性和达标性的活动。如学校根据《国家学生体质健康标准》对学生体质健康状况进行的体育测试，即属于绝对性评价。

第三，个体内差异评价。个体内差异评价是指对评价对象的现在与过去或若干方面进行的评价，可以是对评价对象的纵向比较，即以时间为依据，在某个方面用现在同自己的过去进行对比，从而使被评价者直观地看到自己的进步和发展；也可以进行横向比较，即对评价对象的某几个方面相互比较，了解自己的优点和不足，以便被评价对象进行自我调整，明确需努力的方向。

（3）依据评价主体的不同划分

第一，外部评价。外部评价也称为他人评价，是指由被评价者以外的专业人员进行的评价。外部评价相对而言较为严格和客观，通常可信度较高，具有一定的权威性。外部评价可以是量化指标的统计性分析，也可以是质性的文字描述，在体育课程教学质量评价活动中，教师评价等都属于外部评价。外部评价有助于掌握被评价者自身不易发现的问题，可以为教师提供可靠的信息，主要用于选拔和鉴定活动。

第二，内部评价。内部评价通常称为自我评价，是指被评价者按照既定的评价目的，对照一定的标准和要求，对自身某方面的情况进行价值判断与分析。评价对象可以是被评价者本人（学生本人），也可以是被评价者的同学。内部评价主客体一致性使其充分发挥评价对象在评价中的积极性，获得最为真实的信息，形成较准确的价值判断。这对评价后的改进工作非常重要，有助于被评价者的自我认识、自我完善和自我反馈调节。

（4）依据评价方法的不同划分

第一，定性评价。定性评价又称为质性评价，是指评价者通过现场观察或与被评价者进行交流，以及查阅各种文献资料等方式，收集被评价者的真实信息，运用分析、综合、比较、分类等方法对评价对象的信息资料进行质的分析，从而得出评价结论的方法，目的在于准确把握被评价对象存在的优点和不足之处，进而为其制定改进措施提出合理建议，需要注意的是，定性评价一般不会用到数据分析。

第二，定量评价。定量评价就是根据所确定的评价指标和评价标准，收集被评价对象的相关数据信息资料，运用数理统计、多元分析等量化统计分析方法对其做出价值判断的评价类型，定量评价和定性评价的最大区别就是定量评价运用到了数据分析。

3. 体育课程教学质量评价方式选择

（1）过程性评价与终结性评价相结合。高校体育与健康课程教学，注重培育学生通过体育课程的学习，将习得的体育与健康知识、技能和方法运用到体育学习、体育锻炼、运动竞赛和日常生活中去，通过不断重复练习和多方位的实际运用，提高学生的体育与健康实践能力。因此，在体育课程教学质量评价中，应将过程性评价与终结性评价结合起来，形成优势互补，即及时对学生学习过程中表现的情况进行评价，然后在阶段或学期末对学生各方面的情况进行终结性评价。这有利于随时发现问题、解决问题，也能保证评价结果的有效程度和真实性，对每一个学生的评价都做到真实、公正、准确，充分调动学生对体育课程学习的自觉能动性。例如，教师通过创设关键能力活动，为学生优秀行为的产生创造条件，并发现学生在课堂中表现出来的优秀表现，及时地通过语言和教学体态给予学生反馈；设置号牌等方式进行即时评价，根据每节课学生学习目标的达成情况，在课后对课堂上给予号牌评价的具体内容进行记录，为班级的每位学生建立学习档案袋；在学期末或模块学习结束时，对学生体育与健康知识、体能、技能等各方面的学习状况进行终结性评价。在这里不是简单粗暴地否定终结性评价在教学评价中的功能与作用、提倡仅使用过程性评价，而是以过程性评价为主，依据教学评价不同的评价内容和目的，选用合适的评价方式，帮助教师与学生在课堂教学活动进行的过程中及时发现问题（包括学生的学习方法、学习态度是否端正和运动技能的掌握是否达到课程目标的要求等），并采取有效措施解决问题，从而更好地促进学生和教师的不断进步，充分发挥评价的激励和反馈作用。

（2）定量评价与定性评价相结合。定量评价主要是通过统一的评分标准量化评价学生的体育学习成绩，也就是用一把尺子去衡量所有学生，通常适用于对学生的体能和运动技能水平进行评价。其优点是方法简单、操作简便，不需要过多地考虑学生彼此之间的个体差异，但不太适用于对学生学习过程中的学习态度、健康行为和体育品德等隐性内容的评价。定性评价一般是对学生的体育学习情况给予等级制评定和评语式评价。为了保证课堂教学评价的科学性、公平性和全面性，应该在具体的评价活动中，将定量评价与定性评价有机结合起来，即对学生的运动水平和能力进行定量考核，对学生在学习过程中所表现出来的健康行为的变化和体育品德的养成进行定性评价。

（3）相对性评价与绝对性评价相结合。绝对性评价最突出的优点，就是以学生自己为评价标准，使学生直观地看到通过一段时间的刻苦努力所取得的进步，能够起到增强学生学习自信心的作用。体育与健康课程非常关注学生的进步与发展，许多发达国家对学生的体能和运动技能进行评价时，注重相对性评价和绝对性评价的合理运用。

现阶段，我国部分地区和学校已开始尝试采用"个体差异内评价"对学生的学习成绩进行评价。例如，在学生入学之初或某一模块课程学习的开始阶段，通过摸底考试，了解学生身体素质的基础情况，依此为学生建立个人学习档案袋。学习档案袋中记录的内容包括摸底学期初始时的成绩，也包括学生后续的每一次测试的成绩，在测试完成、单元学习或模块学习结束后，学生都可以查阅自己的成绩，直观地看到自己在体育课程学习中的进步情况。

在体育课程教学质量评价过程中，要依据地区差异和体育课程教学的实际情况，制定符合本地区或本校实际情况的评价指标与评价标准，并重点关注学生间的个体差异，对学生运动能力、健康行为和体育品德三方面的学科核心素养进行评价。

（二）体育课堂教学评价设计

1. 体育课堂教学内容的评价

体育课堂教学内容，是指按照教学目标，要求学习者学习的知识、技能和行为经验的总和。因而，它既是涉及认知与情感、知识与技能的教，也是含有学生的学的双向组成部分。沿着这一认识逻辑，体育教学内容不仅是一种意向性（有目标）的行为活动，也是分析教学内容类别与性质、提供学习程序与指导的策略活动。它明示我们体育课堂教学内容不只是一个实施计划，也是一个怎样选择与组织教和学的活动。对体育课堂教学内容的评价可以帮助我们认清学习内容之间各组成部分的相互关系，明确知识类型与认知分配，把握教学难点，从而针砭取舍、补偏救弊、顺其所易、矫其所难，较好地实现课程对教学内容编制的辩证要求。

（1）判断教师——教学内容绩效性的评价。体育教学内容不仅是一种意向性（有目标）的行为活动，也是分析教学内容类别与性质、提供学习程序与指导的策略活动。教学内容的组织与编排既是一门科学，又是一门艺术。说其是科学，是因为教学内容的组织是受教育理念的统摄、课程原则的框定、学习程序性等的预设而生成的。说其是一门艺术，是指教学内容的选择与安排不是凝固不变的，而应是根据教学情境的变化而变化，因教学对象的差异而变化的。由于对其的选择与实施需要教师的智慧与策略，因而其又是教师教学技巧的艺术表现。

体育教学内容的评价可从理论和实践两个层面展开。在理论层面评价的指向是，判断教学内容的设定是以传授知识为导向，还是以发展能力为导向。在实践层面评价的指向是，判断教学内容的组织与编排是以教师的教为设计，还是以学生的学为设计。

第一，教学内容理论层面。教学内容理论层面评价解决的是，教学是以向学生传授知识、技能为主，还是以发展学生的能力为主。这是教师对教学意义不同认识的反映。两者之间的选择是区分教师是传统教学观，还是现代教学观的分水岭。不同的观点不但影响着对教学内容的选择，还影响着对教学内容组织方法的选择。因而，评价的标准不是看教师的教学内容有没有完成，而是看学生有没有学会，有没有实现汗水+笑声的"懂会乐"。

第二，教学内容实践层面。教学内容实践层面评价解决的是教学内容的选择与编排有没有按照知识主次、从属与并列的各组成关系展开教学程序，有没有按照学习层级逐渐分化的逻辑性，由简到繁、由易到难的准则编制教学内容，有没有按照知识向量的迁移性和全面性，科学设置教学方式与学习策略，解决"怎么学"的问题。

教学理念是教学内容评价的依据。从方法论来看，体育教学内容的问题是对教育的理解问题、认识的问题、知识储备的问题。教师对教育理论、教学理论的不同观点取舍影响与制约着教师对教学内容的选择。因为，教学是教师的教与学生学的统一，其构建是由教师的思想行为决定的。教师没有正确教学思想行为的立准，教学内容的选择与运用就难以达成新时代的要求。明确回答这个问题，其对于体育教师专业化的提升与发展有着积极的意义和作用。基于此，教育理念是教学内容评价的首要依据。

教学内容结构的选择与编排是评价的依据。教学内容结构的选择与编排，是指学习不是突然发生的，而是通过一系列细小的步骤按顺序达成的。一是指当新学习材料符合学习者的认知特点、生理特点时，学习动机就会发生。反之，教学内容不合理、学习材料不适合、有困难、不具备传导条件时，学习状态就无法建立，学习注意力就不会集中。二是学生学习过程存在着知识"同化、顺应与平衡"三种图式的意义建构过程。这三种水平状态在学生的学习方式上表现出不同的特征，制约着学习的质量和效果。教学实践证明，如果学习者原有的知识与经验不能"同化"新知识，为接受新知识与表象创造有利条件，教学的知识意义建构就会发生困难，同时还会引起"顺应"过程的发生，即对原有认知结构进行改造与重组，这样学习的时间就会延长，教学效果就会降低。它告诫我们，必须把教学结构改造成适合学习者该阶段能普遍接受和理解的形式（如情境丰富形象、内容建构生动、提供先行者组织策略等），使其范围、深度、速度能同教学对象的实际水平相适应，只有这样良好的学习行为才可能发生。

教学内容的学习层级是评价的依据。所谓学习层级，是指教学内容的组织与编制中存有由整体到部分，由一般到个别的不断分化。复杂的教学都是以简单的教学为基础的，如果不掌握前一个学习内容，就不能进入下一个学习内容的学习。只有遵循从简单的技能学习到复杂的技能学习的相互作用关系，才能把教学内容转化为学习者习得的能力。正如信息加工理论告诉我们的，学习受认知变量的制约，对此进行掌握利用可提高体育学习活动的定向认知能量与认知功用。基于这一道理，教学内容的学习层级就成为评价的依据。恰如赞可夫指出的，"不管你花费多少力气给学生解释掌握知识的意义，如果教学工作的安排不能激起学生对知识的渴求欲望，那么这些解释仍将落空"。

教学内容的迁移性、全面性是评价的依据。由教学内容安排原则可知，教学内容的安排不仅要注意知识技能各部分内容的纵向递进性与横向层次性之间的联系，还要关注教材之间迁移的属性。教材的迁移属性是指一种学习内容对另一种学习内容的影响。心理学研究表明，先前学习对后继学习产生的影响是顺向迁移，后继学习对先前学习产生的影响是逆向迁移。两种学习相互干扰是负向迁移，两种学习相互促进是正向迁移。体育教学实践表明，教学内容的安排存有这一现象。例如，学习完短跑再学习跳远会产生正向迁移，学习完跳远再学习跳高则会出现负向迁移。

教学内容的全面性。全面性是指教学内容的选择与安排，要能促进人身体各个素质的全面发展。如果课堂教学仅围绕某一素质的发展去实施教学内容，就会造成身体素质出现失衡，影响身体的和谐发展。这一身体全面发展原则要求，同一课的教学内容不能全部安排成都是上肢练习或都是下肢练习。如安排投掷练习后不能再安排单杠练习，安排短跑练习后不能再安排耐力跑练习，安排双杠练习后不能再安排单杠练习。遵循这一释义，教学内容的迁移性、全面性就成为评价的依据。

基于以上内容，体育课堂教学设计的评价可围绕以下方面实施：

一是围绕认知发生的顺序性和逻辑性进行"同化、顺应与平衡"的构建，准确把握好学生学习的"教学适配"。

二是要立足于教为学的策略构建。在方法和手段的选择上，体现出"为学习而设计""为理解时刻而教""个性学习自由度"的教学策略。要清醒地避免把学生当原料，形成输入—输出（产出）的传统工学模式。

三是学习层级的选择要建立学习与知识之间的和谐。既要体现出教学的内容性、组织性和负荷性三个螺旋上升的有序递进，又要符合学习发展由量变到质变的有效性飞跃的记忆规律。

综上所述，课堂教学内容的选择与安排是教育存在方式的自我理解与批判，不同的教学范式表达并反映着其特定的存在方式。这一认识指出，教学内容的选择与编排有思想性、原则性、编排性的特征与制约。如果不能针对这些相互的关联、相互的作用去实施教学内容，就会出现错误教学的偏差，无法实现预期的教学目标。

（2）判断学生——学习绩效性的评价。众所周知，新课程教学贯穿着"教师为主导、学生为主体"的理念，它是实现学生学习好的重要准绳。根据这一准绳，学生学习是否主动参与、学习方式是否有效、学习氛围是否欢乐就成为体育教学的评价依据。即评价知识学习的效果、技能掌握的水平、学习的成功体验。

第一，学生学习的主动参与性是体育教学内容评价的依据。心理学研究证明，行为是认识的反映。学习场景也表明，其主体内驱力参与性越强，其学习认知的效果就越好。鉴于此，从有效学习论出发，可从六个方面进行评价：①情绪状态。学生是否具有浓厚的学习兴趣，是否对学习内容具有好奇心与求知欲，始终保持学习热情，积极参与练习活动。②注意状态。学生是否关注学习内容，积极投入思考；能否注意教师的指导要求，做出有效性的学习应答。③参与状态。学生是否全身心参与学习活动；在"汗水+笑声"投入练习过程中，能否兴致勃勃地与同伴互动、相互观摩，自觉地进行合作练习。④交往状态。学生在学习过程中是否能相互帮助与互相合作，虚心听取他人的意见，尊重同伴的指导；主动交流、合作，共享解决问题。⑤认知状态。学生学习过程是否认知有效，能围绕学习的内容积极思考、不断改进提高，能用自己的语言阐述学习领悟的观点；修正推论学习上出现的错误。⑥生成状态。学生是否能从学习中获得满足、成功和愉悦等积极的体育体验，获得学习效果。

第二，学生的学习方式是体育教学内容评价的依据。学习方式昭示着课程的价值取向与教育思想的支配。它是提高有效教学、为学习减负增效、教会学生学习的显著标志，是衡量学生知识尺度的具体表现形式。它既是一定教育理念的表现形式与作用方式，又是编织教与学关系的理性认识。对上承应理念的归属与界定，对下对接实践应用的效力与实现。这就是老师们常讲的："关注学生的学习过程，实现教与学方式的转变，促进教学质量的提高。"

鉴于此,《体育课程标准》指出,传统教学以"授—受"接受方式为主导,这种单一的学习方式制约了学生创新发散思维的养成,难以满足 21 世纪人才发展的需要。对此不足,新学习方式倡导多元学习方式,以发现知识、学会学习为论纲,要求学习过程既要有接受学习方式,又要有合作、探究学习方式与自主学习方式,以发展学生学习的潜能。

第三,学生学习的成功是体育教学内容评价的依据。在新课程背景下,学习欢乐不仅指学习兴趣和热情,还包括成功快乐的体验。成功是学习与反应之间相对稳定的联结。体育教学实践证明,只有当学习者收获学习的成功时,才会主动练习。告诫教学以及单一、没有成功变化的学习环境会导致学习的抑制或减弱。

2. 体育课堂教学组织的评价

其一,学生运动技能的掌握与形成,需要靠教学的组织练习来巩固与提高。教学实践证明,合理组织与适配体育教学技能与课堂设计会使教学获得好的效果。因而,教学流程的合理组织与安排、教师教学施教与组织的能力,就成为保证课堂教学顺利实施的关键。它是体育课堂教学的重要组成部分,在教学设计中显得尤为重要。

根据要求,一是教学流程的组织原则要体现出由低到高逐渐递进的认识。在教学阶段的组织上,应由准备部分到基本部分至结束部分;在学习方式的组织上,即由单一性练习到综合性练习;在教学方式的组织上,由个人练习到分组练习。既要符合人的心理机能活动变化规律,又要符合人的生理机能活动变化规律。二是教师施教与组织能力,要能促进学生认知的衔接、知识理解的巩固。教学组织与环境的设计能引起学习者的注意和兴趣,调动其学习积极性,能为教学任务的完成创设有利的教学条件。犹如巴班斯基曾言:"选择对课的最有效的教学方法,是教学过程最优化的核心问题之一。"

其二,心理学研究证明,一节课时中,学生的体能和思维的状态会经过三个阶段,即体能和思维的逐渐上升集中阶段、最佳体能和思维的水平阶段、体能和思维的逐渐下降阶段。根据这一规律,按照体育课堂教学的内容、时间、组织等之间的顺序与分配性,体育课堂教学可以科学地划分为准备、基本、结束,三个有机联系的部分。

教学研究证明,课程的各部分都有既定的任务、内容和组织教法的要求,只有按照这些特点去设计才能获得好的教学效果。为此,它是评价驻足的依据。为此，苏联心理学家加里培林指出，"心理活动是外部物质活动向知觉、表象和概念方面转化的结果。这种转化过程是通过一系列的阶段来实现的，而在每一个阶段上都会产生新的反映和活动的再现以及它的系统改造。"

（1）准备阶段的组织评价。众所周知，一般工作都是从准备开始的，良好的开端是成功的一半。针对此，鲍里奇指出，"开始的问题是引起学生对学习内容的兴趣和注意，如果学生没有发现所要学习的内容与他们的联系，反而把学生的注意力给分散了，那么这个开始就是无效的。"

因而，准备部分是体育课的三大组成部分之一。它的目的是导入学习状态，衔接新旧知识，启发学生兴趣，说明教学目的，创设学习氛围，营造施教情境。基于此，其主要任务有三个方面：一是迅速将学生组织起来，明确学习内容和要求；二是按基本教材学习的要求，做好身体机能的准备活动；三是为基本部分的学习做好认知上的学习准备。即从心理上建立好学习状态，生理上做好热身，从教学内容上为主教材学习做好诱导性学习或辅助性学习的后续准备。导入学生从非学习状态进入到学习状态的行为方式。

基于此，准备阶段的教学评价可以围绕以下三个方面进行：一看课堂队伍的集合有没有快、静、齐，学生学习的注意力是否调动起来；二看课的准备活动安排有没有针对教材的特点选择适合的热身活动；三看为主教材安排的诱导性或辅助性学习有没有体现出"寓导为乐"的游戏安排。

（2）基本阶段的组织评价。课堂教学基本阶段的任务是学习新知识、复习旧知识。恰如苏霍姆林斯基所说，"教给学生能借助已有知识去获取知识，这是最高的教学技巧之所在。"

其主要表现有三个方面：一是使学生掌握知识、技术与技能；二是围绕教材的学习属性，有针对性地提高身体素质；三是围绕教材教育的要求实施思想品质教育，即教学顺序的组织上要做好由简单技能到复杂技能的学习层级递进，在学习方式的组织上要做好由单一性练习到综合性练习，在教学方式的组织上要做好由个人练习到分组练习，在教材教育上要做好情感、态度与价值观的教育。

基于此，基本阶段的教学评价可围绕以下四个方面进行。

其一，看教材的安排是否符合教学顺序与组织，即一般应先进行新教材或复杂教材的学习，以及发展速度或灵敏性的教材学习，后进行容易引起兴趣的教材以及发展力量或速度耐力性的教材学习。

其二，看有没有围绕教材的学习属性，完成增强学生体质、发展技能和品德教养的任务。

其三，看学习方式的组织有没有贯穿多样化的集体性和个性化的练习活动，避免单一的练习导致学习转入抑制。

其四，看场地器材的设计，是否符合教材理解属性"情、趣、美"的特点。

（3）结束阶段的组织评价。课堂教学结束阶段的任务是使学生逐渐恢复到课前相对安静的状态、有组织地结束教学活动。内容包括：一是通过轻松的徒手放松活动、简单的舞蹈动作或游戏活动逐步降低运动负荷恢复安静状态；二是小结本课情况，布置课外作业；三是收拾体育器材，宣布下课。

基于此，结束阶段的教学评价可围绕以下三个方面进行。

其一，看放松活动是否简约自然，不造作、画蛇添足。

其二，看课堂小结是否体现以生为本的教育理念，表扬先进、鼓励后进，归纳知识、加深记忆，启迪学生身心升华提高。

其三，看学生收拾体育器材时有没有体现出安全和爱护器材的教育。

3．教师教学技能与组织能力的评价

组织学研究证明，能力是人们在做某一事情表现出来的个性心理特征的总和。能力强的人做事效率与成功率就大，反之能力差的人做事的效率与成功率就会小。根据这一结论，体育教师是学校体育的具体执行者，其能力的高低直接影响与制约着学习的质量和教学效果。为此，对其能力的评价，一般可以分为体育教师教学的能力、体育教师教法与组织的能力两个范畴。

（1）体育教师教学能力的评价。传播学告诉我们，体育教学活动过程，其实也是一个教师与学生之间进行信息传播与沟通交流的过程。心理学研究表明，学生知识学习的获得程度与教师的表达清晰度存有显著的相关性——课堂教学长期的实践得出，教师教学技能的含混不清则与学生的学习成绩呈负相关。

对此，我国教育家顾明远呼吁："我国师范生只注重理论专业知识的传授，忽视了教师职业技能的培养。导致许多年轻教师难以胜任教学工作，这是我国教师培养的症结所在。"为此，体育教师教学技能就成为体育教学能否成功的关键，能否上好课的关键。

基于此，体育教师教学技能的评价，可围绕以下三个方面进行。

其一，看讲解力能否清晰、简明、扼要，表达是否具有逻辑性，是否能唤起学生学习的高涨心情。

其二，看肢体表达方面，动作示范是否正确、自然、优美，能否诱发学习向往。

其三，看能否根据教材需要有的放矢分别展开不同方面的示范。给予学生视觉和知觉活动，明确所学动作，为进入练习提供清楚而又正确的动作表象。

（2）体育教师教法与组织能力的评价。教学论指出，教法是达到教学目的，完成教学内容所采用的方式、途径、手段等的总称。而教学组织则是对学习活动序列结构的表述与细化，是把教与学各种要素按学习者认知特点、心理和生理活动规律的效应性，进行组合、分解的学习步骤。鉴于此，体育教师教法与组织的能力，直接关系到教学效果的成败。

基于此，体育教师教法能力的评价，可围绕以下三个方面进行：一看教法的选择与应用是否符合学习者的认知特点、心理和生理特点；二看教法的选择与应用是否符合教材的学习规定和顺序；三看教法的选择与应用是否符合教学的条件与环境。

对于体育教师组织能力的评价，可进行以下四个方面进行。

其一，看教材内容的组织是否符合感知、理解、巩固和提高的原则，体现了由简单到复杂、分解到完整的逻辑递进。

其二，看教学的组织练习之间的匹配，是否符合由单一练习到组合练习、由个人练习到分组练习的递进。

其三，看教学的场地与器材是否符合教学内容呈现的需要，正确选择易用、实用的有效媒体和材料。

其四，看教学组织能否按照动作技能的形成规律正确适配课堂结构。

第三节　核心素养驱动下普通高校体育课程的教学策略解析与构建

本节主要是对核心素养驱动下，普通高校体育课程的教学策略和构建的相关内容，进行论述和分析。

一、体育教学策略的内涵与类型

体育教学方法种类繁多，如果不能根据情境性和特定性而简单执行、就会而生，它为分析体育教学这一特定情境中的教什么、何时教、为什么教和怎样学提供了途径和策略。为一些教学理论的成功应用创造了良好的条件。

可见，"体育教学策略"的设计与采用是一门学问，也是一门艺术。"体育教学策略"之研究对达成教学目标、提高教学效益、促进教师的专业化发展有着积极的意义。为此，要制订有效的体育教学策略，就应该对其内涵和结构有深刻的理解与认识。

（一）体育教学策略的内涵

目前，世界上还未形成一个公认的教学策略分类体系。综述比较有影响的观点，目前教学策略的研究有六种看法。

（1）把教学策略看作为实现某种教学目标而制订的教学实施综合性方案。

（2）把教学策略作为一种教学思想的体现，认为"教学策略可以看成是一种教学观念或原则，通过教学方法、教学模式和教学手段得以体现"。

（3）认为教学策略与教学方法、步骤、教学模式同义。

（4）把教学策略看作为达到一定的教学目标而采取的一系列教学方式和行为。

（5）教学策略是教学方法的技术层面落实在教学的行为和手段上，有各种各样的分类法，如讲解法、讨论法、演示法、练习法等。

（6）教学策略是教学设计的有机组成部分，是在特定教学情境中为实现教学目标和适应学生学习的需要而采取的教学行为方式或教学活动方式。

上述六种看法从不同角度对教学策略的内涵做了描述或界定，反映了教学策略注重于教学目标和具体方法的灵活运用，明确了教学策略是对教学方法实施过程中的具体运用和有效行为，是教师教学智慧和教学艺术的充分体现。

（二）体育教学策略的类型

目前，国内学者对体育教学策略的结构类型也做了初步研究，大致有以下四种不同的分类方法。

1. 以教学形式要素为中心的教学策略

（1）内容型。以有效提供学习内容为中心，强调知识的结构和知识发生过程的策略。如基于能力差异的分组教学策略、基于知识差异的分层教学策略、基于兴趣爱好的选项教学策略等。

（2）形式型。以教学组织形式为中心，形成集体教学、小组教学、个别学习三种类别。如基本部分教学策略、小群体教学策略、分组轮换与分组不轮换教学策略、个别化指导教学策略等。

（3）方法型。以教学方法和技术为中心与内容、形式、方法的综合。如合作教学、探究教学、自主教学。

2. 以信息加工学理论为中心的教学策略

信息加工学理论把教学策略划分为：①先行组织者策略；②概念形成策略；③认知发展策略；④随机管理策略；⑤自我管理策略；⑥行为练习策略；⑦问题解决策略。指出教学策略是为完成特定教学任务或教学目标而采取的途径、方法和手段的行为和认知取向，通常表现为一系列步骤或一系列行为。教学策略的结构可以分为以下两个层次。

第一层次是监控策略，主要成分是操作原则的知识，其功能是指示策略运用者"应该做什么"，体现在四个方面：①判断。告诉人们该项策略的作用如何，能解决何种教学问题；②计划。告诉人们必须按照何种规则去运用才是正确的；③执行。指示人们怎样做才不偏离教学目标；④评价。调节策略运用者应该做什么而不应该做什么。

第二层次是应对策略，由操作程序的知识组成，其功能是指示策略运用者"应该怎么做"。它由判断策略、计划策略、执行策略和评价策略构成，分别与教学问题解决过程的四个阶段相匹配。

首先，判断策略。判断策略是对应教学问题解决第一阶段情境的方法。要能消除掉这一阶段的目标障碍，准确理解和表征问题，就必须懂得如何去感知问题中蕴含的相关信息，如何理解问题结构中的各种关系，如何分析问题的性质和类型，如何综合问题的信息等知识，而这样的知识就必须由判断策略来提供。

其次，计划策略。计划策略是对应教学问题解决第二阶段情境的方法。它通常要指示人们如何找出能达到目标的方法和技术，如何将已搜寻出的方法技术相互比较，进行选择，如何将方法技术相互搭配起来，如何将匹配好的内容按事件进程进行编码，这样，策略运用者就能较容易地制订出一个完整的方案了。

再次，执行策略。执行策略指的是，告诉人们如何按照方案的要求审查外部动作的正确性，唯有如此，能变为所期望的现实。

最后，评价策略。评价策略指的是，指导策略运用者如何根据目标校验动作的成效，检查结果与目标间的差距，如何依据目标期望的价值来度量动作的意义，为策略运用者提供自我调节的信息。

信息教学策略的结构特点：层次性，具有不同功能、不同层位、不能互相替代；相关性，策略内部上下不同层位的成分是相互关联，相互作用的；整体性，策略内部的各种组成因素都是整体中的一部分，各自都在整体内的不同层位上，为达到整体目标而发挥各自的特殊作用。如果认识不到这些特点，在策略运用时将顾此失彼。

3. 以教学过程要素为中心的教学策略

依据教学过程、教学内容安排、教学方法、步骤、组织形式的选择与安排等分类的目的和特点，可以把教学策略分为以下不同种类。

（1）根据教学效果来分。体育教学策略的具体操作过程的关系表述有以下方面：

第一，教学实施策略，是指导教师在教学前使用的策略，包括先行者组织策略、准备策略等。

第二，教学监控评价策略，是指教师为保证达到预期的教学目标，而对教学全过程实行计划、反馈、控制和调节等的策略。

第三，教学管理策略，由教学组织策略和教学表达策略组成，是指导教师在教学过程中对教学内容、教学资源与约束条件、学生管理及调动的教学组织形式等运用于决策的基本方法。

（2）根据教学环节来分。体育教学策略的具体操作过程表述有以下方面：

第一，关于教学内容加工处理的教学组织策略，其是针对教学的主题内容进行教学组织的基本方法，属于教学任务分析的范畴，其策略过程包括：通过信息加工分析获得教学设计的基础程序；通过学习类型分析明确达成教学目标所需要进行的学习类型；通过学习任务分析揭示达到教学终点的教学目标之前必须实现的一系列目标。

第二，关于教学活动的教学准备策略，其是教师根据教学目标要求，钻研教材，组织教法，分析自我和学生，制订教学计划的策略。

第三，关于教学内容传递的教学表达策略，其是在教学组织策略决定之后,运用各种教学手段将教学内容完整、有效地传递给学生的基本方法。它包括教学方法的选择与应用策略、教学媒体的选择与组合策略,以及声画表达策略和教学表达的心理策略等。为此,只有有效把握各种教学方法的类属特征,确认教学方法与教学策略的本质特征及其适用性,方可形成有效的教学行为。

4. 以研究方法要素为中心的教学策略

这种框架是依据教育思想和理念体系为导向构建教学场景,选择支持各种教学活动的资源,规划多场景运作的步骤或一系列行为。体现了教学目标归类、教学内容排序、教学策略选择等。这种框架为掌握基本的教学设计和规范提供了良好的基础,具有很强的实践意义。如领会式教学模式策略、发现式教学模式策略、成功式教学模式策略等。

上述各种看法都从不同角度对教学策略的含义做了描述或界定,对理解体育教学策略含义有一定启发。其一,教学策略从属于教学设计,确定或选择教学策略是教学设计的任务之一;其二,教学策略的制订以特定的教学目标和教学对象为依据;其三,教学策略既有观念驱动功能,又有实践操作功能,是将教学思想或模式转化为教学行为的桥梁。这三个概念的逻辑关系是:教学模式(上位)—教学策略(中位)—教学方法(下位)。

体育教学策略在应用时要注意突出两个特点:任务的要求和方法的选择。理解教学策略注重于对教学目标的意识和具体方法的灵活运用,教学策略是对教学方法实施过程中的具体运用和有效行为,是教师教学智慧和教学艺术的充分体现,属于教学设计的一部分,不能取代教学设计的全部功能。要达到对教学策略的有效的运用,教师必须对教学策略有理性的思考,对教学方法的理论基础有清晰的认识与正确把握。因此,可以说教学策略是对教学方法实施过程中的具体运用和有效行为,是教师教学智慧和教学艺术的充分体现。学习、研究与应用教学策略需要树立四个重要的教育理念:实现减负增效、运用系统思维、努力以教促学和加速自身成长。同时,也需要掌握学习方法,注重知识交叉,注重教学实践,善于获取信息资源。

二、体育教学策略的构建

(一)体育教学策略的构建维度

1. 教师教学策略的量

教学策略的量,主要指教学策略知识的丰富程度,教学策略知识越丰富,解决教学问题的对策就越多,解决问题的过程就越简缩,速度就越快。教学策略的量是策略运用熟练程度的标志,不熟练者自动化程度低,会影响速度;而熟练者则依靠大量策略运用的经验,"不假思索",直达教学目标。

2．教师教学策略的质

教学策略的质,是教师运用教学策略的适宜性和自动化程度。教学策略的适宜性,是指所运用的教学策略与教学问题情境的高度对应及与解决教学问题的目标的得法性。主要指教师高级心理机能相关性越高其解决教学问题的效果就越好。

（二）教师教学策略的构建阶段

1．策略单一性阶段

由于教师具备的策略知识不多,策略的体验不深,经验不足,其对自己所掌握的教学策略知识深信不疑。认为只要运用必定有效果,没有意识到教学策略具有变通使用性。误认为一种教学策略只具有适合解决一种教学问题的单一特点。

2．策略个体化阶段

教师在评价教学策略时不以他人经验为判断标准,策略知识和策略运用经验十分丰富,教学策略已完全结构化,能够正确地把握教学策略与教学问题间的一致性关系,选择和运用策略十分熟练,可以达到自动化程度。在此阶段,教师认为策略运用必须适合个体自身的特点,能够把一般人使用的教学策略加以改造,转变成具有个人独特教学风格的东西,并且也能够根据问题情境的特殊要求创造出教学策略,对自己所掌握和所运用的教学策略具有"对我而言是正确的"这样的认识,其策略表现出显著的个体化特征。

3．策略多元性阶段

由于教师具备的策略知识有所增多,教学策略的体验和经验也有所积累,策略运用有了一定程度的变通性,同时其也认识到教学策略与教学问题之间不是单一、绝对确定的关系,因此在运用教学策略解决教学问题时能考虑多方面的原因,寻找多种对策,教学策略结构有了一定程度的组织性,其策略运用较熟练。此阶段的教学策略表现出这样的状态:一种策略可用于解决多种教学问题,多种教学策略也可以解决一种教学问题,其价值具有多元性特点。

4. 策略相对性阶段

与前阶段相比，教师掌握的策略知识比较丰富，对策略的运用已达到相当熟练的程度，教学策略的组织性和结构化特点更为突出。教师对自己所掌握的教学策略有意识地进行比较、权衡和分析，认识到每一种教学策略的使用条件、合作范围及效果不是绝对的，要与特定的教学问题情境相联系，但评价策略时仍以他人的经验判断为标准，认为教学策略是不能为自己所创造的，没有学习理论、应用理论、贡献理论，所以本阶段教学策略的价值特点表现为策略的相对性。

（三）教学策略培训的手段与方法

对教师传授运用策略的知识和应用技能，可以快速提高教师的教学策略水平，收到好的培训效果，改善教师的素质结构，提高教学效益，缩短教师成才做出示范、精心辅导和提供支架，使得学习者在学习中有计划、肯努力、愿交流、善反思，如此达到培养学习者解决非良构问题与胜任复杂任务的能力。

因而，要注意突出以下几个特点：

第一，指导性。培训的内容对教师的策略能力发展具有针对性，使教师在接受培训之后能明确自己的策略能力发展方向。

第二，直观性。向接受培训者传授策略知识和技能的方式必须是直观和可感受的，因为接受培训者本来就经验不足，如果所授内容过于理论化、概括和抽象，则不利于向能力转化。

第三，实践性。培训的内容具有实践应用的作用，能充实教师的实践教学，弥补策略运用经验的不足。

第四，可操作性。要求所授内容具体，要把策略的运用一步一步地通过活动转变成操作能力。

教学策略运用能力的提高，可以通过以下几个途径进行专门的培训：

第一，举办短期培训班，编写培训教材，专门传授策略知识和策略运用技巧，快速集中地积累有关知识，为策略能力发展打下坚实基础。

第二，注重培养教师优良的思维品质，尤其是思维的灵活性、批判性和创造性，以提高能力发展的潜力。这一点可以通过指导教师在教学实践中经常进行教学思路设计的自我训练来实现。

第三，鼓励教师积极发展关于教法运用的个人意见，树立教师个人教育信念，用以激活和保持策略意识。这可以通过鼓励和督促教师写集体经验交流或教学论文来促进实现。可以参考以下几种方法：

（1）他人教学。在观摩他人教学、观看他人的教学录像、阅读他人的（当然包括优秀教师的）教案后，就其教学策略的选择、运用和效果等，依据一定的知识、理论和思想进行评估判断，从中可以他人之长补己之短，弃他人之短扬己之长。

（2）写比较教学方案。同一个教学任务，设计两套以上教学方案，锻炼自己的策略灵活性。

（3）写教学经验总结。一篇一章或一单元一学期的教学之后，将其中的经验和教训总结出来，可以发现其中策略运用的窍门和规律。

（4）请他人会诊。如果自己觉得某种方法运用不妥或某种教学问题的解决不尽如人意，就说出来或再表演一下，请求他人做出诊断，这样可以帮助自己跨过策略能力发展的障碍。

（5）集体备课。可以集众人之智慧于一身，这在缩短成才时间方面有显著效果。

（6）聚会性交流。若干教师聚集在一起，就某一具体教学问题交谈自己的已有做法，参与者会从其中受到某种启示，从而改善自己的策略。

（7）参加教学科学实验。这是个快速提高策略水平层次的好做法，参与或主持实验的人一般都是高水平和较高水平的专家和教师，参与其中可以得到全面锻炼和提高。

（四）体育教学策略的评价

（1）教学结构功能性要求。①选择或制订体育教学策略时，要求教师针对具体的体育教学需求和条件，对影响体育教学策略构成的教学方法、步骤、媒介、内容和组织形式等要素加以综合考虑，组成切合教学实践的最佳教学实施措施；②在发挥体育教学策略作用时，强调某一范围内具体教学方式、措施等的优化组合，合理构建。

（2）教学行为灵活性要求。在选择或制订体育教学策略和运用教学策略解决问题时，应根据不同的教学目标、内容和任务的要求，参照学生的初始状态，并应随着教学情境的变化而做相应的设计和调整，将最适宜的教学方法、媒体和教学组织形式优化组合，以便实现特定的教学目标，完成特定的教学任务。

（3）教学行为指向性要求。任何教学策略都指向特定的教学目标和教学活动，规定某种教学行为，这同时也指明了体育教学策略确定的两个依据：教学目标和学生特点。

（4）教学行为启发性要求。它能启发教师主动寻找解决教学问题的便捷途径和方式，从而有效解决问题，促进教师教学水平的提高。

第四章　普通高校体育课程教学方法及创新研究

第一节　体育教学方法内涵解析

一、体育教学方法的概念

国内外学者很早就已开始对体育教学方法的研究。在研究的过程中，诸多专家和学者对体育教学方法概念的界定有以下共识：

第一，体育教学方法是体育教学系统的重要组成部分。

第二，体育教学方法与体育教学系统其他要素之间具有非常密切的关系。体育教学方法服务于体育教学目标和体育教学任务，应能够促进体育教学目标和任务的实现。同时，体育教学方法又受体育教学内容的制约。

第三，体育教学方法是"教"与"学"的统一，可有效促进师生的双向互动。

第四，体育教学方法受到特定的教学理论的指导。

第五，与其他科目教学方法相比，体育教学方法在注重教学语言要素的同时，更加注重动作要素。

综合我国学者对体育教学方法的研究，一般认为，体育教学方法是指为实现体育教学目的而采用的手段、方式、措施和途径等的总和。

二、体育教学方法的分类

（一）教法

教法是体育教学过程中的教师层面的教学方法，也是本书所指的教学方法，可以具体理解为教师的授课方法。

1. 知识技能教法

知识技能教法包括基本知识的教法和运动技能的教法。

（1）基本知识的教法。基本知识主要是指体育运动项目的基本理论知识，基本知识教法就是针对这些理论知识展开教学所使用的教学方法，主要涉及基础训练理论教学。

一般来说，体育基础知识的学习主要是抽象知识的学习，具有一定的难度，不像体育运动技术那样可以直观、生动形象地展现，这就需要教师在体育教学过程中深入了解学生的知识基础、思维能力选择相应的教学方法。教学方法应具有可操作性，并注意与体育运动实践的结合。

（2）运动技能的教法。运动技能的教法即通过相应的教学方法向学生呈现技术动作，帮助学生很好地理解运动技能的概念、构成及完成方式。这对于学生提高体育运动技能具有重要的作用。其教学方法应便于运动技能规律与特点的揭示，便于具体的技术动作的形象化、生动化展示。

运动技能教法的应用特点如下：第一，教师通过教学方法的科学选择与实施，促进学生对具体的运动技能的掌握。第二，充分考虑与教学体系中其他要素，如教学内容的关系，结合教学内容分析，运用相应方法帮助教师完成教学任务。第三，结合实际教学情况，充分发挥教学方法灵活多变的特点，随机应变，在体育教学活动中灵活处理各种教学要素。

2. 思想教育法

思想教育法是为展现体育思想教学内容而应用的教学方法。开展思想教育法时应注意体育思想、体育道德内容展示的特点，促进学生的体育价值观念、体育精神、体育道德、体育意志品质等的发展与提高。

思想教育法意在促进学生如下几个方面的效果：

第一，形成良好的意志品质。

第二，发展个性。

第三，提高团队协作意识。

第四，形成正确的价值观和审美观。

第五，发展创造性。

（二）学练法

1. 学法

学法的主体为学生。在体育教学中，学生的学法就是了解和掌握体育相关知识的方法，通过具体学法的选择与应用，促进学生对体育知识和技能的掌握。

在体育运动教学实践中，学法的应用要求如下：

第一，确保学生能掌握教学目标所要求的基本知识与技能，并结合个人情况有所发展。

第二，体育学习中，应重视体育知识、经验的积累，自身体能与新知识、技能的有机结合，使体育技能学练符合自身身心发展的规律、特点。

2. 练法

练法具体是学生的运动训练方法，是实现体育教学目标的重要方法和途径。

体育教学是一项身体实践性非常强的学科教学，各种体育知识、技能都需要学生的体育活动实践才能理解、掌握，并在之后的体育活动中表现出来，这就需要学生在体育学习过程中结合具体的学习任务、目标及自身实际情况科学、循序渐进地参与体育运动训练，不断提高自己的体质、体能、运动水平，并进一步促进自我体育运动专项体能、技能和心理能力的发展。

三、体育教学方法的特点

（一）实践操作性

与其他学科不同，体育学科的学习更多时候需要学生进行各种各样的身体练习，具有很强的实践操作性，因此，教师在选择教学方法时应充分考虑学生开展身体活动的可操作性，同时应考虑客观的体育教学条件能否为教学方法设计的体育教学活动组织提供必要的物质支持。

体育教学方法的实践操作性受体育身体活动的基本性质影响，同时，也受学生参与体育活动的形式的影响。教师选择与设计教学方法时，应结合具体教学实际对教学方法进行必要的调整，如果教学方法中的某一个环节和形式安排可能在接下来的教学活动开展中受阻，则教师应该灵活变通。总之，不能让教学方法停留在理论层面，而应落到教学实践中，符合教学实践。

（二）多感官参与性

体育活动的开展过程是师生的身体活动参与过程，教师与学生进行各种体育技术动作示范、练习，都需要充分调动身体各部位的组织和系统的功能。例如，教师通过动作示范教授学生某一项具体的体育运动项目的技术动作，学生要利用眼睛去看动作、利用耳朵去听讲解、利用肢体去感受动作。因此，体育学练的过程，也是学生身体多感官共同参与的过程。

在体育教学中，为了获得良好的体育教学效果，体育教师在选择和运用教学方法时应注意教学方法能否充分调动起学生的多种感官的积极参与，优化教学效果。

体育教学方法对学生的多感官的体育调动与参与主要表现如下：

第一，体育学习中，需要学生运用思维、感知、记忆和想象，需要学生用眼睛、耳朵以及肢体等感受运动的方向、力度的大小和动作的幅度等，进而形成正确的动作定式。

第二，在形成正确的动作定式的基础上，将所接收到的教学信息进行整理、分析，协同大脑思维活动，指挥身体各器官完成相应的动作，并通过不断重复技术动作，最终实现动作技术的正确和精细。

（三）时空功效性

体育教学方法的各教学实施阶段都表现出体育活动的时空功效性特点，以及教学的时空特点。

体育教学开始阶段，教师作为教学主导者，指导学生进行相应的学习活动，进行相应的分析、示范和指导。

体育教学期间，教学活动的主体发生了相应的变化，学生的主体作用在不断增强，学生通过认知、分析和练习，掌握相应的知识和技能。

体育教学结束阶段，教师进行相应的总结和分析，对学生的学习过程、学习效果进行客观、全面地评价与分析，并预告下次教学内容，实现本次课与下次课的时空衔接。

（四）动静交替性

体育运动的教学与训练应保持动静结合，这主要是受运动者个体运动负荷承受范围的影响，是体育教学的基本规律和特点。[①]

体育教学方法的"动"即指技能学练。体育运动技能的学习与掌握必须通过实实在在的身体练习来进行，体育教学过程中的各种体育教学方法都是为了促进学生更积极、更好地去参与各种身体活动，通过体育活动实践来掌握体育技能。

体育教学方法的"静"即指合理休息。学生在体育学习过程中，其生理和心理方面都要持续不断地受到刺激，并承受一定的负荷，长时间这样会导致疲劳影响学习效果与质量，这时就需要安排学生进行合理休息，包

---

① 杨乃彤，王毅.高校体育教学创新及运动教育模式应用研究[M].北京：九州出版社，2020.

括积极性的休息和静止休息。

（五）师生互动性

体育教学活动的开展需要教师和学生共同参与。整个体育教学活动不应该只是教师组织、学生参与，教师也要适时地融入学生的学练、发现、探索活动，及时给予学生正确的教学指导。教学方法的应用应有助于教师、学生对体育教学活动的积极参与，并促进师生互动。

（六）继承发展性

为了实现与时俱进，教育工作者要继续发展创新，教学方法及其应用也在不断丰富与创新使用，教师和学生的师生关系、课堂体验，以及体育教学效果都在不断优化。

第二节 传统体育教学方法及应用

一、传统体育教法及应用

（一）语言教学法

语言教学法就是教师通过语言表述，来阐述体育教学知识、文化、规律、特点、技术构成、教学活动安排与过程实施的方法，学生通过教师的这些语言表述来了解教学过程、参与学习过程、掌握必要的教学知识点。

常用语言教学法举例如下：

1．讲解教学法

讲解教学法即教师通过语言讲解来开展教学。讲解教学法通常用于体育理论教学。讲解过程中，教师应充分考虑学生的理解能力与认知能力的特点与水平。

讲解教学法使用要点如下：

第一，讲解要明确，突出教学内容的重点、难点、特点。在体育教学中，教师对于教学内容的讲解必须有明确的目的，不能漫无目的地讲解，这样只会使学生抓不住重点，不能理解教师的用意，导致学习效率低下。

第二，讲解要正确，注重讲解内容（历史文化、动作术语、技能方法等）的准确描述。

第三，讲解要生动、简明、有重点。讲解应便于学生更好地理解教学内容，如生动形象化的讲解可加深学生的认知，教师可以适当加入肢体语言帮助学生理解。再如，关于概念、技能难点的讲解应有重点，围绕关键技术讲解，更便于学生掌握动作要领。

第四，讲解要通俗易懂、深入浅出。教师要善于运用对比、类比、提问等方式进行启发性教学，帮助学生积极思维，使学生举一反三、触类旁通、学以致用。

第五，注重教学内容讲解的时机和效果。

第六，重视讲解内容的前后关联性。

2．口头评价法

口头评价法是体育教学中非常重要的教学方法，教师可以在课堂上及时、快速地给予学生最直接的评价、提醒，也可以在教学结束之后，对学生的课堂表现进行口头点评。

根据评价性质，口头评价有如下两种。

（1）积极评价。教师对学生的评价是鼓励性的、表扬性的、肯定性的。

（2）消极评价。教师对学生的评价是负面的，以批评为主。这种评价显然会让学生感觉到挫败和沮丧，对此教师应掌握必要的语言沟通技巧，注意措辞，要就事论事，不能过分打击学生，更不能进行语言方面的人身攻击。

3．口令和指示法

口令和指示具有简短的高度概括性。在体育教学过程中，借助简短的字词对学生给予必要的提示，也可以收到很好的教学效果。

口令和指示法的应用要求如下：

第一，教师应发音清晰、声音洪亮。

第二，教师进行口令和指示时应尽量使用正面引导、积极性的词汇，并注意提示的时机。

第三，合理把握口令和指示的节奏，尽量做到语言精练、言简意赅。

（二）直观教学法

直观教学法是利用对学生的感官冲击来加深学生对体育教学内容的印象，使学生更直观、生动、形象、直接地了解教学内容。

体育教学中常见的直观教学法有如下几种：

1．动作示范法

在体育教学中，教师通过对教学内容的动作示范，来使学生对所要学习的技术动作有一个生动形象的了解，同时熟悉动作结构和要领。

运用动作示范法时应注意以下几点：

（1）明确示范目的。教师在进行动作示范之前，要明确示范的目的是什么，具体要展示什么。

（2）示范动作正确、流畅。教师进行教学动作示范是为了给学生提供必要的技术动作模仿对象，因此教师的示范动作必须正确、流畅，避免误导学生。

（3）示范位置合理。教师的动作示范应让每一个学生都能全面、准确地观察，使所有学生都能够清楚地观察到示范动作，因此，应选择合理的位置进行示范。

（4）示范应与讲解结合起来。示范和讲解的结合能充分发挥学生的视觉、听觉、触觉等各感官的作用，使学生的听觉和视觉器官同时利用起来，以更好地加深学生对正确技术动作的理解与掌握。

2．教具演示法

采用图表、照片和模型等直观教具辅助教学，能使学生更加易于理解相应的技术结构和动作形象。

应用教具演示法时应注意以下几点：

第一，提前准备好所需的教具。

第二，教具应进行全方位展示，例如介绍具体器材的使用方法时，可以让学生近距离体验。

第三，注意教具的使用与保护。

3．案例教学法

案例教学法就是在体育教学中举例子，使学生对体育教学内容的理解更加简单、直观、形象。

案例教学法的应用要求如下：

第一，举例应恰当，避免无效案例。

第二，对战术配合和组织的案例分析应尽可能详细，并注意多角度（如攻守）分析。

4．多媒体教学法

多媒体教学法是现代体育教学中广泛使用的方法。与传统的课堂板书教学不同，多媒体教学能令教学内容的展示更加生动形象，而且教师可以更加准确地利用多媒体教学技术向学生分析动作的细节，如通过动画和视频演示，可以将每一个动作精确到秒，若将教学内容制作成电影、幻灯片、录像等，通过重放、慢放、定格等操作方法，能使学生更深入、系统地学习知识，掌握技能。多媒体教学法的使用需要必要的多媒体教学技术支持，也需要教师具备一定的多媒体技术操作能力。

（三）完整教学法

完整教学法是体育教学中广泛应用的一种教学方法。该教学方法重在完整地、不间断地演示整个技术动作过程，通常在体育教学实践课中运用。

应用完整教学法时应注意以下几点：

1. 讲解要领后直接运用

教师在对体育运动技术动作的分解讲解后，紧接着示范整个技术动作，能使学生流畅地模仿完整的技术动作。

2. 强调动作练习重点

在体育实践教学中，对于较为复杂的动作，教师应明确讲解、示范重点，使学生正确把握技术动作难点。

3. 降低动作练习难度

对于难度较高的动作，教师可以降低动作难度以便于学生完整练习，在正确动作定型后逐渐增加难度，待学生熟练后再按标准动作进行完整动作学练。

4. 应注意将各动作要素进行分析

教师应将完整的技术动作的各要素进行分析，以使学生能够了解用力的大小、动作的程度等要点。

（四）分解教学法

分解教学法是与完整教学法相对应的一种教学方法，适用于复杂和高难度体育项目的技术动作教学，能将复杂的动作简单化，降低技术难度。

分解教学法具体是指在体育教学实践中，教师分解完整的技术动作，然后通过各个阶段、环节的逐个教学，最终使学生掌握整个技术。

运用分解教学法时应注意以下几个方面：

第一，对技术动作的分解要注意科学性，不能打破各环节之间的有效衔接。

第二，分解后的技术动作应依次教学，熟悉后注意组织学生对学习环节前后的衔接练习。

第三，分解教学法与完整教学法综合运用效果更佳。

（五）预防教学法

体育教学的开放性使得体育学习同样是一个开放的过程，可受到各种因素的影响与干扰，学生的个体差异性（认知能力、理解能力、肢体协调能力等）也使其不可能做到一下子都能准确掌握知识要点和动作要领，学习过程中难免会犯各种各样的错误，因此教师应针对学生的学习错误，及时进行预防和纠正。

预防教学法是对学生的错误认知、错误动作提前采取阻断措施的教学方法。

预防教学法的应用要求如下：

第一，在体育教学时，教师应在讲解过程中不断强化正确认知，避免学生产生错误认知。

第二，教师在备课时可结合自己的教学经验对学生可能会犯的错误做好防治预案。

第三，可结合口头评价、提示和指示帮助学生及时预防错误。

（六）纠错教学法

纠错教学法是学生在体育教学中出现认知、动作错误后，教师及时予以纠正的教学方法。

在体育教学过程中，教师应正确对待学生由于对各种动作技术理解不清或对动作掌握不标准而出现的错误，并进行有意识的引导和纠正。

纠错教学法的应用要求如下：

第一，纠错时，教师应注意正确技术动作的讲解，使学生明确产生错误的原因，及时改正。

第二，结合外力帮助学生明确正确技术动作的本体感觉。

预防和纠错相辅相成，和预防相比，纠错的针对性更强，要求教师认真分析学生产生错误的原因，有针对性地结合错误的源头采取相应的纠正措施，并给出改正方向与方法。

（七）游戏教学法

游戏教学法是指教师利用组织游戏的方式使学生完成预定教学任务的

教学方法。这种教学法的应用比较广泛，常见于体育教学的初期，在调动学生的体育学习积极性与主动性方面具有良好的作用。

应用游戏教学法时应注意以下几点：

第一，所开展的游戏应与具体的体育教学内容相适应，应与教学内容相关。

第二，游戏应选择学生感兴趣的内容和方式。

第三，游戏开始前，应注意游戏规则、目的的讲解。

第四，游戏过程中，强调学生的积极努力、同伴的协同配合。

第五，游戏过程中，教师应监督学生在游戏中的行为，避免学生破坏规则，如有发生应实施"惩罚"。

第六，游戏结束后，教师应做客观、全面的评价。

第七，注意教学安全。

（八）竞赛教学法

竞赛教学法是通过教学竞赛的方式来开展体育教学的方法。竞赛教学法是体育教学不同于其他学科教学的一种重要教学方法，对于促进学生的身体素质、心理素质、竞技能力、社会性关系处理等都具有重要价值。

竞赛教学法的应用要求如下：

第一，明确竞赛目的，如通过足球运动竞赛切实提高学生的足球运动技能水平。

第二，合理分组。各对抗队的实力应相当。

第三,客观评价。对竞赛过程中学生完成动作的质量予以客观的评价，并指出改进的方向和方法。

第四，竞赛教学法应在学生熟练掌握相应的运动技战术后使用，避免学生发生不必要的运动伤害。

在体育教学实践中，教师不应只专注于使用某一种教学方法，也不能毫不顾及教学实际交叉和叠加使用多个教学方法。上述各种体育教学方法的应用应结合具体的教学实际情况和学生情况科学选择，进而促进体育教学质量和教学效果的不断提高。

二、传统体育学法及应用

（一）自主学习法

所谓自主学习法，即学生积极主动、独立自主进行体育学习的方法，学生在学习过程中，主动发现、分析、探索、实践，当然，整个学习过程也需要教师必要的指导。

高校体育教学中，教师指导学生进行自主学习时应做好以下几个方面的工作：

第一，教师应针对学生的水平、特点，为学生安排难度适当的体育教学内容。

第二，教师可帮助学生制定学习目标，指出学生通过自我探索应该达到什么水平，解决哪些问题；学生则应根据自身的知识储备和能力水平，明确学习目标。

第三，学生应根据自身情况，对照学习目标，进行积极的自我调控，并及时改进教学方法和教学策略。

第四，教师必须认识到，组织学生进行自主学习，教师仍要间接参与学生的整个学习过程，自主学习并非意味着教师放任不管，教学中，教师应时刻关注学生的学习进度、是否遇到了一些问题，如果学生的学习偏离预期，则应及时引导。

（二）合作学习法

合作学习法是在教师的指导下，学生进行合作互助，通过责任分工承担不同学习探索任务，并最终解决问题，达到教师所设定的学习目标，完成教师布置的学习任务的学习方法。

合作学习能够提高学生的学习能力、合作能力。教学中，具体的合作学习操作方法如下：

第一，教师根据教学内容确定相应的教学目标。

第二，教师引导学生结成学习小组。

第三，全体学生在教师的指导下，根据教学内容确定相应的教学目标。

第四，确定各小组研究的课题，引导学生自己进行小组内的具体分工。

第五，小组成员合作完成小组学习任务与目标。

第六，不同小组进行学习和交流，分享研究成果，发现问题，取长补短。

第七，教师关注、监督学生学习，推动各小组活动顺利开展。

第八，教师评价，帮助学生总结。

三、传统体育练法及应用

（一）重复训练法

重复训练法就是反复进行某一训练内容的练习方法。重复训练法旨在通过反复的动作重复不断强化运动条件反射,使机体产生较高的适应机制,促进学生掌握和巩固技术动作。

1. 重复训练法的类型

一般来说,可根据训练时间长短和训练间歇方式将重复训练法进行分类。

(1)按训练时间长短分。按训练时间长短,可将重复训练法分为短时间重复训练方法(不足 30 秒)、中时间重复训练方法(0.5~2 分钟)和长时间重复训练方法(2~5 分钟)。

(2)按训练间歇方式分。按训练间隙方式,可将重复训练法分为连续重复训练法和间歇重复训练法。

2. 重复训练法的应用要求

第一,反复练习同一动作时难免枯燥乏味,因此训练中教师应时刻关注学生的情绪。

第二,训练中,教师应严格规范学生的技术练习,科学控制学生的训练负荷强度。

第三,教师应强调技术动作的正确练习,如果学生连续出现错误动作,应停止练习,防止错误强化。

第四,训练的数量、负荷和次数安排应符合学生实际。

(二)持续训练法

持续训练法是在保持一定负荷强度、运动时间的基础上无间断地连续进行练习的训练方法。

1. 持续训练法的类型

持续训练法一般可按训练持续时间分为短时间持续训练法、中时间持续训练法和长时间持续训练法。

2. 持续训练法的应用要求

第一,持续训练法使用单个或组合技术进行反复持续性练习。

第二,训练前,学生应熟悉具体的训练内容、程序。

第三,持续训练过程中,教师应关注学生的训练质量,确保其保持在一定的水平之上,提醒学生注意训练中的动作质量。

(三)循环训练法

循环训练法是对较多的训练内容进行分类和排序,依次完成训练内容与任务，然后再从训练最初的任务开始，不断循环重复整个训练内容的训练过程与方法。

循环训练法中的各项训练内容不同，对提高学生的训练兴趣和积极性、主动性有较大的促进作用。

1. 循环训练法的类型

（1）按运动负荷特征分

循环训练法按运动负荷特征可分为以下三类。

循环重复训练法：对各训练内容之间间歇时间不做特殊安排。

循环间歇训练法：明确各训练内容的间歇时间。

循环持续训练法：各个训练内容之间不安排间歇时间。

（2）按训练组织形式分

循环训练法按训练组织形式可分为以下三类。

流水式循环：按一定的顺序一个接一个地周而复始。

轮换式循环：各学生于同一时间依各自练习内容进行训练。

分配式循环：先练习某一内容，然后依次轮换练习内容。

2. 循环训练法的应用要求

第一，注意各训练内容的排序应合理，符合一定规律。

第二，训练应逐渐深入，不要急于求成，一般可以先练习一个循环，过 2～3 周再增加一个循环。

第三，任何时候，训练参与最多不得超过 5 个循环。

（四）完整训练法

完整训练法是指从头到尾完整地完成一个动作、一套动作、一个技战术配合的训练方法，整个训练一气呵成，没有中断。

实施完整训练法时应注意以下几点：

第一，完整训练法多适用于单一技术训练。

第二，对于较复杂的技能训练，教师应注意学生技能基础的良好奠定，然后再进行完整训练。

第三，在进行一些运动项目中的战术配合训练时，教师应注意指导学生对整个战术节奏、要点、关键环节的把握。

（五）分解训练法

分解训练法与完整训练法相对，是对训练内容进行阶段、环节划分，然后逐一攻破、逐一精细化地学习与练习的训练方法。

1. 分解训练法的类型

（1）单纯分解训练法。该方法把训练内容分解成若干具体部分，然后分别练习各部分。

（2）递进分解训练法。该方法把训练内容分解成若干具体部分，然后依次有序练习各部分。

（3）顺进分解训练法。该方法把训练内容分解后，先训练第一部分，再训练第二、第三部分，然后训练第一、第二、第三部分……依次逐渐增加训练内容。

（4）逆进分解训练法。该方法与顺进分解训练法相反，先训练最后一部分，再将前一个训练内容叠加训练。

2. 分解训练法的应用要求

第一，要进行科学分解，不能切断不能分割的部分。

第二，分解训练各部分熟悉掌握后，应进行完整练习。

（六）间歇训练法

间歇训练法中对"间歇"的把控是重点，具体是通过对训练时间的严格规定，通过训练内容与训练时间的有机结合与搭配，安排各训练内容与阶段的训练方法。

1. 间歇训练法的类型

间歇训练法的基本类型有三种。

（1）高强性间歇训练法。该方法适用于体能主导类速度性和耐力性运动项群的素质、技术及技能主导类对抗性运动项群中的攻防训练。

（2）强化性间歇训练法。该方法通过强化间歇来控制训练。

（3）发展性间歇训练法。该方法适用于减少人数且比赛时间分解成阶段性的连续攻防训练。

2. 间歇训练法的应用要求

第一，根据超量负荷的原理，训练中可提高每次练习的强度，增加练习重复次数和调整间歇时间。

第二，间歇时间应科学、合理。

第三，训练负荷应得当。

第四，下次训练前，应使机体完全恢复。

（七）程序训练法

程序训练法是按照一定的顺序进行的程序化、模式化的运动训练方法。

1．程序训练法的类型

（1）顺序训练法。该方法按照一定的规律和标准明确训练程序，依次展开训练活动。

（2）逆序训练法。该方法多在特定的训练目的下进行，较为少见。

2．程序训练法的应用要求

第一，强调训练过程的时序性。训练时序性应与训练内容逻辑性融为一体，控制训练过程。

第二，训练系统化。学生的整个训练过程应是系统、完整、可控的。

第三，训练定性化。具体的训练内容、方法和步骤应体现出鲜明的定性化特点，解决重点训练任务。

第四，训练程序化。整个训练应科学、有序地事先安排好，且应在严格检查、评定和监督下进行。

（八）变换训练法

变换训练法是重在对运动训练要素的变换，通过变换不同的训练要素来开展训练活动的训练方法。

1．变换训练法的类型

（1）内容变换训练法。该方法中的技能训练的内容可为技术动作的变异组合，亦可为固定组合。

（2）形式变换训练法。该方法变换训练场地、线路、落点和方位等条件或环境。

（3）负荷变换训练法。该方法重视负荷强度或负荷量的变换，如降低负荷强度，掌握正确的运动技术动作，形成正确的动作定型；提高负荷强度及密度，以适应比赛要求。

2．变换训练法的应用要求

第一，训练通过各种条件的"变换"来实现，这种"变换"应使学生产生适应。

第二，当初次训练时，或者基础差的学生参与训练时，一次训练中变换的要素不宜过多。

（九）比赛训练法

比赛训练法是以赛代练的训练方法。

1. 比赛训练法的类型

体育教学中的比赛训练法主要有以下几种：

（1）训练性比赛。该方法以训练条件为基础，训练与比赛交叉或同时进行。

（2）模拟性比赛。该方法对事先所了解的各种比赛信息进行归纳总结，训练中模拟比赛条件和环境，为正式参赛做准备。

（3）检查性比赛。该方法旨在检验学生在赛前的训练质量，通过训练，发现不足并改进。

（4）适应性比赛。比赛环境是真实的，通过真实比赛进行训练，提高学生的比赛适应能力。

2. 比赛训练法的应用要求

第一，教师应确保学生具有一定的运动基础。

第二，要让学生明确比赛规则，训练要严格按照比赛规则开展。

第三节　符合现代教育理念的体育教学方法

一、现代创新体育教法

（一）探究教学法

探究教学法也称为指导发现教学法，是一种充分发挥学生能动性的教学方法。在教师有意识的体育教学中，让学生经历教师所设计的各种教学环节，引导学生逐渐发现问题、讨论问题，继而处理和解决问题。

探究教学法符合现代教育教学理论对学生的要求，也是新体育课程强调学生主体性理念的重要表现，因此在体育教学实践中日益受到重视，该教学方法在体育运动教学中得到了尝试并收到了良好的教学效果。

探究教学法的体育教学应用有机结合了教师的"教"和学生的"学"两个方面，适用于战术、攻防关系和技术要点的教学。

（二）合作学习教学法

合作学习教学法是通过对学生的分组，使学生以小组形式完成学习任务的教学方法。合作学习教学法有利于学生养成合作和竞争的意识，对于在集体性运动（如足球）中发挥集体协作作用具有重要的帮助。

在现代体育运动中，许多项目都需要相关者的共同参与，即便是以个人运动技能展示为主的体育运动项目，在运动技能练习的过程中，也需要其他同伴的陪伴，离不开大家的相互配合。因此，通过合作学习不仅能增加学生之间的默契，提高学生的合作意识和合作能力，还有助于形成良好的教学环境和氛围。

（三）多元反馈教学法

新课程标准要求重视学生在体育教学中的地位，重视和谐师生关系的建立，多元反馈教学法正是一种强调教师与学生之间在学习过程中融洽合作的教学方法。

该方法突出教师与学生之间、学生与学生之间进行信息的交流与反馈的及时性，重视通过对学生的积极性、主动性和创造性的激发与调动，促进教学信息的多向传递，促进学生通过系统的知识学习实现自我发展。

（四）多媒体技术教学法

多媒体技术即计算机辅助教学技术，是伴随着计算机信息技术的发展而发展的。多媒体教学技术应用于教学已经有较长的一段时间，且因其具有可嵌入性以及良好的交互性深受师生欢迎。多媒体技术的发展使得体育教学的教学手段更加丰富，现多应用于体育理论课教学。

相比于传统的教学手段，多媒体技术将体育运动相关的图片、flash、视频等引入课堂，综合了学生视觉、听觉内容，教学效果良好。它替代了传统意义的录音机、手鼓、节拍器等教学手段，教学方式更加智能，并表现出便捷、生动、立体、交互、实时、可长久储存等特点。

（五）计算机网络教学法

计算机网络教学法依托于计算机技术和网络通信技术，可以使体育教学更加生动、互动与高度交互。计算机网络教学法改变了传统课堂教学的范畴，大大拓展了教学的时间与空间。

现阶段，计算机网络教学法在高校体育教学中的运用，主要体现在校园教学学习网络的建立。借助于校园计算机网络建设和学生的网络设备，可形成多元化的综合性校园体育教学网络。与传统体育教学方法相比，在新的依托计算机网络的"教"与"学"的交互平台上，师生之间、学生之间可以利用在线交流、邮件、留言等形式实施互动，不仅有助于降低教学的时间与空间限制，还能提高教学维度，优化教学效果。

和多媒体技术教学法相比，计算机网络教学法更加智能化，教师所使用的教学资料和教学工具都是数字化、集成化的，课程内容以电子教材的形式呈现。在网络课程教学过程中，还可以实现网络即时模拟讲课、批改作业，在课内教学的基础上很好地解决了教学的延续性问题，师生的交互性更强，并突出了针对性、实用性和趣味性，寓教于乐，可以促进学生的体育学习和教师体育教学的教学相长的良性循环。

二、现代创新体育练法

（一）模式训练法

模式训练法是根据规范式模型进行的训练方法。和其他训练方法相比，模式训练法主要有以下两个特点。

第一，信息化。必须先收集到有关情境、环境、条件的信息，才能进行有针对性地训练。

第二，定量化。训练的内容、方法、步骤等应进行定量控制，以便随时调整和完善训练。

（二）动作组合训练法

动作组合训练法是对多个技术动作的综合训练方法，适用于操类运动、球类运动等基础技术动作的练习。这种训练方法可令训练内容更加丰富、多变，主要有以下三种分类。

1. 动作递加法

动作递加法是通过两个和多个动作连接起来进行练习的方法。当教会学生一个动作或组合时，必须及时与前面的动作或组合连接起来练习。

2. 过渡动作法

该方法是在新动作之前或组合与组合之间加入一个或一段简单易学的过渡动作的练习方法。

3. 动作组合层层变化法

动作组合层层变化法是每次把原有的组合按顺序只改变其中一个动作，使之过渡到另一个动作组合的方法。

（三）信息化虚拟训练法

信息化虚拟训练法具体是指通过信息技术创造虚拟训练环境，并在虚拟环境中进行体育训练的方法。例如，在篮球战术训练中，模拟 CBA 或国际比赛环境，运用 3D 游戏场景引导学生在 VR 眼镜下进行战术感知；在蹦床训练中，在虚拟蹦床比赛场景下让学生进行高精度的蹦床训练，实现多维判断。

第四节　核心素养驱动下普通高校体育课程教学方法的发展与创新

在核心素养驱动下，普通高校体育课程教学方法有了新的发展，需要根据高校实际情况的不同，选择相适应的教学方法，并对以往的教学方法进行了优化和创新。

一、高校体育教学方法的发展趋势

（一）多元化

在核心素养驱动下，体育教学的复杂性决定了体育教学方法的多元化发展。体育教学发展至今，已经有了许多教学方法，随着体育教学在未来的不断发展，也必然会出现更多的教学方法。体育理论知识体系和运动技能内容的日益丰富、技战术的日益复杂、体育教学系统的多元化也都在客观上要求体育教学方法的多样化与多元化。

单一的教学方法是无法实现教学目标的，新课程改革的开展与深化也要求必须创新教学思路与方法。体育教学方法的多元化还能为体育教师的体育教学提供多种选择，进而实现体育教学更加科学地组织与开展。

因此，在现代体育教学中，随着新课程改革的开展与深化，结合多方面影响因素,实现教学方法的多元化优化创新是体育教学发展的必然趋势。

（二）现代化

科学技术的发展为人们的生活提供了便利，在教育领域，新技术的应用对新的教学模式、教学方法的创新也提供了技术支持。教学设备的现代化是体育教学的重要表现之一。随着体育教学的各项技术的逐渐发展，其教学方法也必然呈现出现代化的发展趋势。

传统高校体育教学理念与方式已经表现出局限性与落后性，传统课堂板书、单纯体能训练的教学方法已经与现代社会和学生的发展需求严重不符，不能充分调动学生学习积极性，所以加快高校体育教学方法创新是高校体育教学改革的必然，而且创新意义重大。

新时期，随着现代体育教学的发展，现代化的教学设备、技术在体育教学中已广泛应用。通过先进的现代化设备，教师能够对学生的身体素质进行更加深刻的了解，并能够更好地制定运动训练的负荷量。在教学管理方面，能够为学生的学习和生活提供更加便捷的服务。而在体育理论教学中，多媒体、计算机软件等的运用，使得体育教学更加生动形象。

在科技迅速发展的大环境下，科学技术的进步对教学方法的影响是极其深远的。多媒体技术教学、移动通信教学、网络教学等诸多新的具有现代时代特点的体育教学方法的优化和创新，充分吸收了现代的先进科技，为学生的体育学习提供更加快捷、生动、形象和立体化的教学情境，符合当下学生的学习习惯与需要，经过教学实践证明也确实优化了教学效果。

（三）民主化

民主化教学是现代体育教学改革中所提倡的一种新的体育教学思想。民主化的体育教育有两方面的要求：其一，体育教育面向全体学生，每一个学生的体育参与都是民主的；其二，呼吁体育教学中的师生民主。

随着体育教学过程中民主意识的崛起，民主化的体育教学方法也逐渐得到快速的发展。在体育教学方法的选择过程中，也应关注到体育教学中的民主化条件、氛围的创设，让学生在良好的教学环境中学习、参与体育活动。

（四）合作化

在现代体育教学实践中，只运用一种教学方法是无法完成整个教学的，需要综合使用多个教学方法，这就是体育教学的合作化。

体育教学方法的合作化是体育教学方法的重要创新策略，目前，自主学习、合作学习等推崇民主教学的教学方法已经在我国高校得到广泛应用，极大地促进了教学目标的完成和学生的全面发展。

一方面，注重学生合作的教学方法的选择，有助于培养学生的体育合作意识，是实现对学生的体育学习的社会性能力培养与发展的有效途径，能更好地通过教学活动组织实现体育的社会性教育功能。

另一方面，多种各具特色的体育教学方法的综合运用，可以最大限度地发挥不同体育教学方法的优势，不仅能够有效地提高学生的技战术水平和知识水平，还能够培养学生的品德和意志品质，是对多元体育教学方法的一种"优势放大"，有利于体育教学效果的完善和教学质量的提高。

（五）个性化

体育教学中的教学方法面向的是全体学生，但学生之间存在着差异，这就需要在选用体育教学方法时也应突出个性化，体育教学的方法应随着学生各方面的变化（学生的时代特征、个性差异等）而进行适当的调整。

体育教学中的个性化发展要求教师根据学生的具体情况，采用不同的体育教学方法。这对于提高学生的体育学习兴趣，充分调动学生的体育学习积极性与主动性具有重要的意义和作用。

（六）心理学化

体育具有多元教育功能，促进学生的心理健康发育也是体育教育的功能之一。因此体育教师在选择教学方法时应为体育的心理教育功能服务，在体育教学中应重视学生心理塑造，正确引导学生，培养学生健身意识，促进学生的良好体育道德、体育意志品质、体育精神和体育行为的养成。

（七）最优化

不同的教学方法各有优点，因此教师应针对具体的教学内容和教学对象特点，甄选出最优的教学方法。

具体来说，最优的教学方法应充分考虑两方面要素：教学方法具有创新性和系统性，教学方法具有实操性和实效性。

二、高校体育教学方法的科学选择

（一）依据教育理念选择

教学理念对教学方法的选择有重要指导作用。教学方法的选择应以最新体育教学理念为指导，具体要求如下：

第一，现代体育教学强调素质教育，强调学生的身心健康全面发展。体育教学方法选择应体现"以人为本"，促进学生体育参与与学习过程中的"健康第一"和终身体育意识。

第二，体育教学方法的选择应体现出学生在体育教学中的主体地位，有利于激发学生的积极性与主动性。

第三，体育教学方法的选择应重视教学活动中对学生的体育意识、体育能力的培养，为学生走出校门、走向社会继续参与体育奠定知识与技能基础。

（二）依据教学目标选择

体育教学目标是科学选择体育教学方法的重要依据，具体要求如下：

第一，从体育教学的总体目标要求出发，保障每次课的教学目标和总体教学目标都能实现。

第二，充分考虑教学媒体的选用能否实现本次课的教学目标，结合目标应用不同教学媒体、选择不同方法。

第三，教学方法要充分考虑具体教学活动安排所要实现的每一个小的教学目标。如为了让学生巩固技能，教师应多采用练习法、比赛法等；为了教会学生学习新技能，教师应多采用讲解、示范、分解、模仿练习等教学方法。

第四，现代体育教学总目标是促进学生体魄强健和身心健康，所有教学方法的选择都应该以此为标准，不能偏离这个标准而只考虑短期教学目标的实现，短期教学目标的实现也是为长期教学目标的实现服务的。

（三）根据教学内容选择

体育教学内容丰富，在展示不同的教学内容时，需要使用不同的教学方法，以呈现出最好的教学效果。具体要求如下：

第一，选择体育教学方法时应充分考虑体育教学内容的方便实施，如技术动作教学，应采用直观的示范法；原理教学，应采用语言讲解教学法。

第二，选择体育教学方法时应充分考虑教学内容的表现方式，通过哪种方式能更好地将教学内容呈现给学生、最大限度激发学生的学习兴趣，就选择哪种教学方法。如图片展示更直观便捷，就不用语言讲解。

（四）依据学生特点选择

学生是体育教学的对象，教学活动的开展离不开学生，否则教学就没有任何意义。对于体育教师来说，体育教学方法的科学选用是为更好地促进学生体育学习服务的，所以在具体的教学方法选择中应重点考虑学生的特点。

在体育教学中，科学选择体育教学方法，既要考虑学生群体特点，还要考虑学生个体特点。就学生群体特点来说，要抓住某一学生群体的共性，科学选择能涵盖学生这些共性的、有针对性的体育教学方法。如低年级学生应多采用游戏方法教学，高年级学生多采用探究、发现法教学。就学生个体特点来说，应关注不同学生的个体差异，针对不同学生采用不同的教学方法。

（五）依据教师条件选择

体育教师是体育教学的组织者、指导者，是体育教学活动的安排者，也是体育教学方法的选择者、实施者，因此，选择教学方法时应充分考虑教师的相关条件，包括教师的素质水平、知识结构、教学能力与经验等能否充分发挥出相应教学方法的优点，教师的教学风格、性格特征是否与其匹配。

在选择体育教学方法的过程中，教师应认真审视自己，根据自己的实际特点、本次课程教学目的和课堂控制来选择合适的教学方法，扬长避短，使教学方法更具针对性。

（六）依据教学环境与条件选择

在体育教学活动开展过程中，体育教学方法的选择应考虑整个教学活动所涉及的教学因素，其中，客观的教学环境与条件应是重点考虑的因素。

具体来说，教学环境包括场地、器材、班级人数、课时数以及外界的社会文化环境。体育教学条件则涉及体育教学的硬件条件、软件条件等。

体育教师应关注这些客观教学环境因素的影响，充分考虑如果选择和实施某一种教学方法，有没有实施这种教学方法的必要的客观环境和条件的支持。

三、高校体育教学方法的优化创新

（一）教学方法的优化策略

在核心素养驱动下，随着现代体育的不断发展，教师在体育教学方法优化创新应用方面的意识越来越强，不断有新的体育教学方法被提出并应用到体育教学中去，体育教学方法体系不断得到丰富。但也不乏会出现为了创新而创新的现象，这严重违背了体育教学的客观规律，忽视了体育教学中的学生、教师、教学条件等客观实际，是一种不科学的创新。

科学的体育教学方法的优化创新，应在注重对教学方法和教学现实的深入分析，充分了解不同教学方法的各自优点，针对具体教学内容和教学对象特点的基础之上。此外，对教学方法的合理运用是科学组织与实施体育教学的重要前提，也是体育教学方法优化创新的前提。

（二）教学方法的组合创新

教学方法的组合创新是现代体育教学方法优化创新的必然趋势和要求，具体是指以合作学习法为基础来进行教学方法的优化创新，最大限度地发挥不同体育教学方法对体育教学的促进作用。

第五章 普通高校体育课程教学模式的发展与实施策略

第一节 体育教学模式的内涵及研究发展动向

一、教学模式及体育教学模式

1972 年，西方学者乔伊斯和韦尔（B. Joyce&M. Weil）出版了《教学模式》一书，对教学模式这一课题进行了开创性的研究。从此，人们开始关注教学模式，并对其进行了多方面的研究。

在我国，对教学模式的研究肇始于 20 世纪 80 年代中后期，并在 21 世纪基础教育课程与教学改革中呈现出蓬勃发展的态势。但由于研究角度和见解的不同，学者们对教学模式概念的界定尚未达成共识，其中比较具有代表性的观点主要有：

（1）教学模式即教学过程的变式。教学模式是教学过程的变式，即教学过程的不同变式形成不同的教学模式。其中，有两种基本的变式：一是教师向学生系统地传授书本知识的模式；二是教师辅导学生在活动中获取信息的模式，其余都是介于这两者之间的教学模式。这是我国关于教学模式的较早认识，这一概念在反映出学者的学术敏锐度的同时，也比较明显地具有教师中心和学科中心的烙印，融合了经验主义和行为主义的思想。

（2）教学模式即基本教学范型。教学模式是在一定教学理论的指导下，通过相关教学理论的演绎或对教育教学实践的概括和总结所形成的一种指向特定教学目标的比较稳定的基本教学范型。教学模式是一种相对稳定的教学结构，它具有稳定性和可变性。一方面，教学模式一经形成，就具有相对的稳定性；另一方面，随着教学理论，尤其是教学实践的发展，教学模式本身也在不断地变革、修正和完善。这一定义不仅阐明了教学模式的本质，而且进一步诠释了教学模式的特点。

从上述中可以看出，教学模式具有多样性和发展性的特点，教学模式的多样性是由教学指导思想和教学目标的多元化所决定的，而其发展性则是因为随着教学理论和教学实践的不断发展,教学模式也随之不断地变革、修正和完善。

把体育教学模式作为一种教学程序更能反映体育教学模式的本质,因为这样可以准确把握体育教学模式的要素。第一,体育教学模式是在一定的教学理论或教学思想指导下形成的,任何一种体育教学模式都有其赖以成立的理论基础或思想核心。第二,体育教学过程是体育教学模式的核心所在,它通常包括体育教学的操作程序、师生相互作用的活动方式等,是体育教学过程中比较直观的因素,不同的教学模式具有不同的教学过程结构。第三,一定的体育教学模式具有与其教学思想相适应的教学方法体系。例如,在建构主义思想影响下的体育教学模式十分重视自主学习、合作学习和探究学习等学习方式。第四,体育教学模式既要反映教学模式的共性,更要体现体育学科的特点想要准确认识、合理构建并有效驾驭体育教学模式,把握教学模式的共同特点是非常有必要的。

随着教学理论研究的日益深入和教学实践的不断发展,出现了多种多样的教学模式。一方面,构成这些教学模式诸多因素的内容和组合方式不同,适用的具体情况和范围大小也不同。不过,尽管教学模式呈现出了这种多样性和层次上的差异,不同的教学模式仍然具有一些共同的特性:简约性、整体性、操作性、发展性、指向性、探索性和个性;另一方面,体育教学的认知规律显然不同于其他文化知识的认知规律,因为强调体验和感受的运动认知和本体认知是以运动技能为知识主线的体育教学的独特之处,而强身健体的目标追求也是其他文化学科所不曾具备的。

二、国内几种比较典型的体育教学模式

自 20 世纪 90 年代起,我国曾掀起过体育教学模式研究的小高潮,通过 30 余年的理论研究和实践探索,逐渐形成了一些比较典型的体育教学模式。当前,随着基础教育体育课程改革的深入推进,体育教学研究呈现出欣欣向荣的景象,这些体育教学模式在不同程度上能为新课程的体育教学改革带来有益的启示。

(一)运动技能传授模式

运动技能传授模式是以"主智主义"教育理论为指导思想,以传授和掌握运动技能为重要目标,以运动技能形成与发展规律为依据而设计并实施的一种相对稳定的体育教学程序。运动技能传授模式在教学思想上主要

受苏联体育教育理论的影响，在教学的价值取向上十分重视学生对运动技能的掌握，将学生掌握运动技能作为教学的主要目标，并通过对运动技能的学习和掌握过程实现发展学生体能和思想品德教育等教学目标。运动技能的传授是体育教学区别于其他文化课程教学最为明显的特征，也是实现体育教学目标的重要途径。因此，运动技能传授模式在我国备受青睐，在体育教学领域中长期处于主导地位。

在教学程序的设计上，运动技能传授模式主要遵循运动技能形成与发展的规律。学生运动技能的形成与发展通常分为三个阶段，即粗略掌握阶段、改进与提高阶段和巩固与自动化阶段。在运动技能学习的不同阶段，学生的动作表现也不同，具体表现为：在运动技能的粗略掌握阶段，学生的动作表现往往比较紧张、吃力、不协调，甚至出现多余动作；在运动技能的改进与提高阶段，学生的紧张情绪和多余动作逐渐消失、动作开始变得协调、省力；而在运动技能的巩固与自动化阶段，学生的动作准确、协调，动作越来越优美，并逐渐形成运动技能的动力定型。在运动技能形成与发展的不同阶段，教师要善于根据学生的实际情况科学地设定教学目标，合理地选用教学方法，恰当地安排教学组织形式和教学手段。例如，在运动技能的粗略掌握阶段，应更加强调教师的指导，主要运用语言讲解法、动作示范法等教学方法；在运动技能的改进与提高阶段，应注重学生的练习，主要运用练习法、分解法与完整法等教学方法；而在运动技能的巩固与自动化阶段，应强调运动技能的学以致用，应增加竞赛法、游戏法的运用。因此，运动技能传授模式对教师的教学技术水平要求较高，其教学效果在很大程度上依赖于教师的教学技能。

运动技能传授模式在体育教学实践中具有较为突出的优点，它不仅有利于运动技能的系统传授，而且有利于教师有效地组织、调控教学，并循序渐进地进行教学，使学生简捷有效地掌握运动技能。如果教师的教学技术水平较高，教法运用得当，就能在发展学生的运动技能方面取得比较满意的教学效果。不过，运动技能传授模式也存在着一些需要进一步改进的缺陷，因为该模式不利于学生认知动机的激发、主体作用的发挥和对多种运动乐趣的体验，难以处理好完整教学和分解教学的关系，难以调动和激发学生学习的积极性和创造性。

（二）身体素质发展模式

身体素质发展模式是以"体质教育"为指导思想，以促进学生的体能发展为主要目标，以人体生理机能活动变化规律和超量恢复原理为依据而设计并实施的一种相对稳定的体育教学程序。自新中国成立以来，体质教育思想在我国就备受重视，有学者坚定地认为，"体育就是体质健康的教育"，体育教学大纲更是把"全面锻炼学生身体，增强学生体质"作为体育教学的首要任务。增强学生体质、促进学生体能的全面发展，是体育教学的重要目标，因此，一直以来，身体素质发展模式都是我国一种主流的教学模式。身体素质发展模式能有效地发展学生的身体素质，提高学生的体质健康水平，促进学生体格、体能和适应能力等方面的发展。不过，如果运动的负荷强度和负荷量控制不当，学生容易产生对体育学习的厌倦情绪，反而不利于激发学生体育学习的积极性。

身体素质发展模式是 20 世纪 80 年代初盛行起来的教学模式，是在重视通过体育教学进行身体锻炼，谋求学生的体质增强的教学思想指导下形成的教学模式，强调按照人体活动规律和技能变化规律来考虑教学过程。因此，这一模式在学生体质健康水平持续下降的时代背景下具有很强的实用价值。

在体育教学的实际工作中，身体素质发展模式不同于运动训练过程的身体训练，其实施过程通常围绕某一运动技能的学练来展开。在实际运用中，身体素质发展模式要求身体练习的设计要与本课运动技能的学习相适应，强调以运动技能的学习为主线，在课的前半部分以运动技能的教学为主，在课的后半部分则根据本课运动技能的特点进行身体素质练习，追求身体的全面锻炼，多采用重复练习法、循环练习法、游戏和竞赛法等。

（三）情境教学模式

情境教学模式是一种以情知教学论为指导思想，教师根据教学内容的特点和学生的实际情况，通过语言、图像、音乐、视频等手段，创设一种有利于激发学生体育学习兴趣的教学情境，使学生在特定的教学情境中体验体育学习的乐趣，进而促进学生身心健康全面发展的教学模式。情境教学论认为，教学过程是情感过程与认知过程的统一。情感系统的功能起动力作用，对学习行为发挥启动、定向、维持和调节作用；认知系统的功能则承担对知识、技术、技能吸收、储存和转化的任务。两种系统同步、协调发展，相互促进，就能取得最好的教学效果。情境教学模式的局限性主要表现在以下几个方面：一是教学内容的局限性，情境教学并不适用于所有体育教材；二是教学资源的局限性，情境教学通常需要根据教学情境配备相应的教学用具、场地设备等教学资源；三是教师教学技能的局限性，它要求教师要具备较强的语言表达和表演能力，并能扮演相应的角色。

情境教学模式通常由创设情境、激发学习兴趣、情境体验、情境运用和情境收尾等教学环节组成，其中，情境体验主要着重运动技能的学练，情境运用则要求结合本课所学的运动技能设计体能练习。

情境教学法与其他教学法一样，有其自身的功能和作用，也有其运用的范围和一定的副作用。情境教学模式的运用有其特定的要求、技巧与运用频率，其使用时间、使用量和使用对象都要符合要求。判断情境教学模式运用得好不好，主要看它是否有利于教学目标的实现，是否有利于学生的身体锻炼和运动技能学习，是否有利于学生心理健康和社会适应能力的发展。任何偏离教学目标的情境教学法都应避免在当前的体育新课改中更是如此。

（四）选项教学模式

选项教学模式是指在"健康第一"思想的指导下，遵循运动技能形成与发展的规律，以学生的体育需求和运动项目的兴趣为依据，结合学校具体的体育课程资源，采用选择不同体育项目进行系统学习的一种教学模式。选项教学模式虽然采用学生自主选择运动项目的形式，但运动技能的学习和掌握并非其唯一目标，而是强调以某一运动项目的系统学习为载体，全面达成运动参与、身体健康、运动技能、心理健康和社会适应等多个学习方面的目标。选项教学模式是在学生自主选择运动项目的基础上开展的，因此，有助于激发学生的体育学习兴趣,也有助于学生养成终身体育习惯、培养终身体育能力。不过，选项教学的组织与实施面临着一些现实困难：一是排课困难，因为选项教学改变了以往以行政班级为教学单位的组织形式，无论是采用同年级选项教学还是跨年级选项教学，排课难度都较大；二是课程资源方面的困难，因为选项教学对场地器材、教师专项技能的要求相对较高；三是组织管理的困难，因为选项教学模式实行动态管理，学生在修完一个模块或学期后，可以重新选择其他项目进行学习。

选项教学模式通常以某一运动技能为主线来设计课程教学步骤，其主要教学流程包括：专门性准备活动、本课主要内容的指导、学生学练、优生展示与点评、结合主教材的身体练习、游戏或竞赛，在运用选项教学模式时，要充分发挥教师的主导作用，重视讲解和动作示范等指导环节，因为讲解和动作示范是帮助学生尽快理解动作概念和建立动作表象的有效手段。此外，学生在课堂上进行了一定的练习之后，教师可让动作完成较好的学生或小组进行动作展示，并结合优生的动作完成情况进行恰当的点评。之所以选择优生进行动作展示而不是对动作完成情况欠佳的学生进行错误纠正，是因为有助于帮助学生进一步建立良好的动作表象，而且基于"赏识教育"的理念，这样也有助于强化学生的学习结果，并激发他们的学习兴趣和动机。在肯定学生动作质量的基础上，有时也需要进行适当的提醒，指出需要进一步改进的地方。

第二节　普通高校课程体育教学模式的特征与实施

一、体育教学模式的基本特征

（一）致力于促进学生健康成长的指导思想

合目的性是创建体育教学模式的首要依据。从合目的性这一视角来看，体育教学模式的创建必须确立致力于促进学生健康成长的指导思想。众所周知，自改革开放以来，我国普通高校学生的体质健康状况呈现持续下降的趋势，造成这一现象的原因是多方面的，一是由于生产和生活方式的快速变迁，青少年学生在日常生活中体力活动越来越少；二是由于一些学校片面追求就业率，没有按国家规定开设体育课，课外体育活动流于形式；三是由于独生子女普遍受到溺爱，部分学生意志品质和吃苦耐劳思想的缺失。因此，扭转普通高校学生体质健康状况持续下降的趋势是当前我国学校体育工作的首要任务，促进学生健康成长理所当然应该成为创建体育教学模式的指导思想。

（二）致力于提升体育教学有效性的教学理念

体育教学有效性的第一个维度是体育教学是否有助于学生体质健康水平的提高，强身健体始终是体育教学的本质追求，也是体育课程实施过程中落实"健康第一"指导思想的基本要求；第二个维度是体育教学是否有助于学生运动技能和方法的掌握，因为运动技能既是全面达成体育课程目标的重要载体，也是激发学生体育兴趣，养成终身体育习惯的依托所在；第三个维度是体育教学是否有助于学生的心理健康和社会适应，体育教学对于培养学生优良的心理品质和社会适应能力具有独特的作用。总而言之，全面提升体育教学有效性是创建和运用体育教学模式的重要理念。

（三）综合发挥各种教学方式优势的教学方法体系

教师教学方式的变革和课堂教学行为的重建是我国基础教育体育课程改革的重点和难点问题，也是本次课程改革的热点和亮点。强调学生的主体性发展及创新精神和实践能力的培养是新课程教学方式变革的重要特征。

在主体性教学思想和建构主义学习理论的影响下，不少一线教师对自主学习、合作学习、探究学习等教学方式进行了积极的尝试，也积累了许多有益的经验。不过，体育教学方式的变革应该避免形式化和绝对化，不应过分强调自主学习、合作学习、探究学习的优点而贬低接受性学习的作用。体育教学方法具有多样性，它们分别适用于不同的教学对象、教学目标及不同的教学内容，没有哪一种教学方法是万能的，因此，体育教学模式应摒弃那种非此即彼的片面取舍性思维，要建立能综合发挥各种教学方法优势的教学方法体系。

（四）既考虑体育教学效果的迟效性，也注重体育教学效果的长效性

体育教学很难收到"立竿见影"的速效，无论是运动技能和方法的习得，还是学生体能的发展，都需要一个循序渐进和逐步积累的过程。运动技能的学习要经历习得、保持和迁移的过程，运动技能的形成是指通过练习从而逐渐掌握某种外部动作方式并使之系统化的过程，可以分为认知阶段、联系形成阶段和自动化阶段。运动技能是在大量练习的基础上获得的，因为大量的练习往往意味着过度学习，而且在练习过程中常凭借外部和内容反馈信息来不断校正动作。因此，经过过度学习的任务是不易遗忘的。研究表明，运动技能越复杂，练习量越大，遗忘发生得越少；运动技能越简单，练习量越少，遗忘越明显。由此可见，学生运动技能和方法的掌握需要经历一个漫长的过程。体育教学模式既要从局部考虑一节体育课、一个体育教学单元或一个选项教学模块给学生带来的收获和进步，也要从整体上考虑一个学段甚至学生的整个学校学习生涯的体育学习成效；既要看学生在某一局部时间内体育学习的阶段效果，也要从终身体育的角度看学生体育学习的长远效果。

（五）既考虑体育教学效益的普遍性，也注重体育教学效益的个体性

如果说体育教学效果注重的是通过体育教学学生发生的变化，那么体育教学效益则强调这种变化是积极和有价值的。毋庸置疑，体育课程的价

值具有普适性，它对所有学生都具有提高体质健康水平、学习和掌握运动技能和方法、促进心理健康和社会适应能力发展的积极作用。不过，体育课程的普适价值具有较大的差异性，这种差异性主要表现在三个方面：一是地区之间的差异。我国幅员辽阔，各地经济、文化、教育、体育、习俗等存在着较大的差异，而且文化和习俗等方面的差异是难以消除的，因为文化具有多样性；二是学校之间的差异。教育资源的不平衡是当前我国教育发展的一个普遍现象，城市学校与农村学校、重点学校与一般学校在体育课程资源方面的差异是相当明显的；三是学生个体之间的差异。学生在身体发育、运动能力、体育需求、性格和气质等方面的差异是客观存在的。因此，体育教学模式既要发挥体育课程的普适性价值，也要注重体育教学效益的个体性，使每一名学生都学有所获，学有所成。

（六）既考虑体育教学效率的相对性，也注重体育教学效率的综合性

体育教学效率是指在某一时段内学生进步和发展的程度，学生进步大、发展快，则意味着效率高，而学生进步小、发展缓慢，则意味着效率低。一方面，体育教学效率具有相对性，不同的任课教师、不同的教学内容、不同的教学方式很可能有着不同的教学效率。体育教师对体育教学有效性的理解及教学方式、教学组织形式、教学手段等教学策略的设计和运用，在很大程度上决定着体育教学的效率。练习密度是衡量体育课堂教学效率的一个重要指标，因为身体练习既是学生习得运动技能和方法的必要条件，也是发展体能的重要保证。如果教师能根据教学目标和教学内容的特点恰当地选用教学方式和教学组织形式，恰到好处地做到精讲多练，就可以提高练习密度，获得相对较高的教学效率；另一方面，体育教学效率还具有综合性，这是由体育课程价值的多元性所决定的，因此，体育教学模式要注重发挥体育教学的综合效应。体育课程的多种价值是相互促进、相辅相成的关系，只有正确处理好身体发展、运动技能和方法的习得、心理素质和社会适应能力的培养等各种主要价值之间的关系，才能切实提高体育教学的综合效应。

二、体育教学模式的有效实施

（一）分析体育教学情境

全面、准确地分析学校的体育教学情境是运用体育教学模式的起点，也是因材施教、因校制宜的需要。因材施教体现了主体性教学思想，体现

了新课程"以学生发展为中心"的理念；而因校制宜则是落实新课程"关注地区差异和个体差异，保证每一位学生受益"理念的要求。体育教学情境分析主要包括学生主体情况的分析和学校体育教学资源的分析，其中，学生主体情况分析是因材施教的基础，是避免以学科为中心或以教师为中心的重要保证；而学校体育教学资源分析则是因校制宜的前提条件，主要是分析学校可供利用的运动场地、体育器材和设备及学校的体育传统等。

学生主体情况的分析通常简称为学情分析，是指对学生身体、心理、体育基础、班级情况等方面情况的分析。学情分析可以从两个层面进行：一是从宏观层面分析不同学习水平学生在身体形态、身体机能、身体素质、心理素质等方面身心发展的年龄特征；二是从微观层面具体分析授课班级在体能状况、运动技能基础、心理素质与社会适应能力、兴趣爱好、组织纪律等方面的具体情况。学生身体素质发展的特点和不同年龄阶段学生的心理特征是学情分析的两个重要方面，其中，身体素质方面主要分析学生身体素质发展规律、敏感期及力量、速度、耐力、协调、柔韧等各项身体素质的年龄差异；而心理特征方面主要分析学生在注意、思维、意志三方面的心理特点。

（二）明确体育学习目标

在传统的体育课程目标体系中，体育学习目标通常以"教学目标"的方式来表述，主要是体现教师的教与学生的学的共同目标。从国内外当代体育课程理念来看，体育课程的最终目标是要服务于学生发展的需要，因此，以体育学习目标来表述更为恰当。体育学习目标是体育教学活动期望达到的预期结果，它在体育教学模式中具有十分重要的作用，是评判体育教学有效性的重要依据。

首先，体育学习目标的制定要从体育课程的总目标出发，服务于学生健康成长的体育需求。体育教学作为体育课程实施的核心路径，理应为实现体育课程的总目标服务。

其次，体育教学模式下体育学习目标的制定要体现学生主体的理念，学习目标的表述要强调行为主体是学生，即通过体育教学使学生所获得的进步和发展。在体育课程的总目标下，新课程划分了四个学习方面，明确指出学习方面目标是指期望学生在运动参与、运动技能、身体健康、心理健康与社会适应四个学习方面达到的学习结果，即期望学生通过体育课程的学习在这些方面发生良好的变化。四个学习方面的目标是课程目标的具体描述和体现。也是水平学习目标确立的依据，在课程目标和水平学习目标之间起着承上启下的作用。

最后，在制定最为具体的体育课堂学习目标时，应注重课堂学习目标的全面性、明确性和层次性。虽然新课程划分为运动参与、运动技能、身体健康、心理健康与社会适应四个学习方面，但这四个学习方面是一个密切联系的整体，不能割裂开来进行教学。体育课堂学习目标不一定要面面俱到，但需要注意学习目标的全面性，即既要有运动技能学习方面的目标，又要有身体健康学习方面的目标，还应有心理健康与社会适应学习方面的目标。体育学习目标的明确性则是指所制订的学习目标要明确具体，不要用类似"发展学生体能""掌握××运动技能"这样笼统的表述，建议用如"进一步学习箱上前滚翻的完整动作，80%的学生能在保护帮助下完成""通过各种各样的跳绳练习，发展下肢力量、协调性、灵敏性等身体素质"之类的表述，体育学习目标的层次性则是指学生的体育课堂学习目标要有主次之分，即课堂教学要使学生重点要在哪一方面发生良好的变化。

（三）精选体育学习内容

体育学习内容是为实现体育学习目标而选用的体育知识和运动技能，它是有效达成体育课程目标的重要载体。运动技能的传授和学习在体育课程中具有十分独特的地位。由于"课程标准"改变了以往"教学大纲"以运动技能为主线进行编制的形式，在各个学段没有列出具体的运动技能要求，曾引起了新课程要"淡化运动技能"的误解，事实上，运动技能不仅本身是新课程的一个重要学习方面，而且是实现运动参与、身体健康、心理健康和社会适应等其他学习方面的重要载体。因此，在体育教学模式的运用中，教师要善于精选有助于实现课程目标的运动技能，并优化运动技能的教学过程。

选择和设定体育学习内容是在有效体育教学理念下编制体育教学计划的重要步骤，因为"课程标准"并没有规定具体的教学内容，这使得运动技能的选择成为一个必不可少的步骤。

在体育教学模式的运用中，不仅需要对体育学习内容进行选择，而且要对所选择的学习内容进行课程化改造。竞技运动是广大普通高校学生喜闻乐见的体育活动，具有很高的体育课程价值，但不能把竞技运动生搬硬套地移植到体育课堂教学中，而需要进行适当的改造。竞技项目课程化改造的目的是，要避免学生对所喜爱的竞技运动"叹为观止"，使其在体育学习过程中体验到学习的乐趣，强化内心的成功体验，真正变"要我学"为"我要学"。体育学习内容改造的总原则是使之适合学生学习的需要，可以从以下几个方面着手：一是改变成人化的场地器材规格，二是改变竞技化的竞赛规则，三是改变规范化的组织形式。

（四）体育教学过程的实施

1. 体育教学过程的步骤

课堂教学是体育教学的基本单位，依据人体生理机能活动变化的规律、运动技能形成与发展的规律、学生心理活动过程的规律、认知规律等，可把体育课堂教学的基本过程划分为激趣热身、技能学练、提高拓展、放松授课四个主要步骤，每个步骤分别具有不同的学习目标，分别采用相应的教学方式及教学组织形式，如表 5-1 所示。

表 5-1　体育课堂教学过程分解表

教学环节	激趣热身	技能学练	提高拓展	放松授课
主要目标	1.激发学习兴趣 2.明确学习目标 3.做好准备活动	1.学习运动技能 2.提高学习热情 3.培养学习能力	1.运用运动技能 2.发展体能 3.情感教育	1.做好放松活动 2.小结学习效果 3.引导延伸学习
主要方法	讲解法、示范法、练习法、自主学习等	讲解法、示范法、练习法、合作学习等	练习法、游戏法、竞赛法、探究学习等	讲解法、练习法、自主学习等
主要特点	以集体学习为主，可结合分组练习，重视专门性准备活动的作用	在教师指导的基础上，学习运动技能，分组练习与集体练习相结合	结合本课主教材拓展练习，学会运用运动技能，发展体能和心理健康与社会适应	以舞蹈等放松性练习为主，肯定优点，找准努力方向，引导课后练习

体育课堂教学过程的各个步骤是一个有机联系的整体，之所以分解成四个主要步骤，主要是为了加深对有效体育课堂教学实施过程的认识。需要说明的是，表 5-1 中各教学环节所阐述的"主要目标"和"主要方法"是"主要"，在实际教学中并不仅局限于此。

2. 技能学练的主要环节

技能学练作为有效体育教学过程的核心环节，还可细分为教师指导、体验练习、优生展示和强化练习四个小环节。

3. 实施体育教学过程把握好的体育教学策略

具体到体育教学模式的创设与实施，可以着重从教学方法、教学组织形式、教学手段三方面入手，寻求能切实提高体育教学有效性的教学策略。

第一，注重体育教学整体效益的获得是当代体育教学改革的一个重要趋势。体育教学方法、教学组织形式、教学手段等教学策略的创设和运用要有利于学习目标的达成，体育教学方法包括教师教的方法和学生学的方法，教师要从教法和学法的有机结合、多种教学方法的综合运用上考虑教学方法的有机整合，从而谋求体育教学的整体效益。

第二，体育教学策略的创设和运用要处理好教师的教和学生的学之间的辩证关系，体育教学是一种有目的、有计划、有组织地培养人的社会实践活动，其基本功能是把人类积累的体育知识与运动技能转化为学生的体育文化素养，促进他们身心健康的全面发展，使他们成为具有创新精神和实践能力的高素质人才，在这一过程中，体育教师受过专门的职业训练，具有较高的体育运动技术水平和教学技能，具备正确引导学生接受良好体育教育的能力。

无论体育教师具备多么高超的运动技术水平，也无论体育教师的讲解多么精彩、动作示范多么优美、教学技能多么娴熟，只有唤起学生的学习热情，才能真正发挥体育教师的主导作用。

第三节　核心素养驱动下普通高校课程体育教学模式的实施决策

一、切实提高运动技能教学的有效性

（一）正确认识运动技能教学的重要性

运动技能教学在体育教学模式中具有十分重要的作用。一方面，它是体育课程区别于语文、数学、英语等文化课程的一个重要特征，是体育课程重要的学习内容；另一方面，运动技能也是实现体育课程其他学习方面

目标的主要途径。

体育教师不仅必须教运动知识和技能，还要重视教学生体育学习和锻炼的方法，促进学生学会体育学习和锻炼，培养学生的体育学习能力，从重运动知识和技能的传授向重学生体育学习和锻炼能力的培养转变。发达国家体育课程改革的一个重要特征是，既把运动技能的学习当作一个重要目标，又把运动技能教学当作一种重要手段，注重通过身体练习来掌握运动技能，进而实现其他学习方面的目标。

（二）合理构建运动技能教学的内容结构

在正确认识运动技能教学重要性的同时，新课程的实施要特别注重运动技能内容结构的合理构建。众所周知，"课程标准"较之以往"教学大纲"的一个重要变化是再也没有直接规定各学段各年级的具体教学内容，这给体育教师根据学校具体的教学情境实施个性化教学创造了条件，也使运动技能的选择与设计成为一种必需。这种变革曾经给许多一线教师带来了诸多不适应。强调根据具体的体育教学情境实施运动技能的个性化教学，无疑是基础教育体育课程改革的一个重要进步。我国幅员辽阔，各地经济、文化、教育、体育、气候、习俗等差异巨大，只有从各地各校的实际情况出发，密切联系学生的生活，充分考虑学生健康成长和未来发展的需要，精心选择运动技能，合理构建学习内容体系，才能切实提高体育教学的有效性。例如，在发达地区普通高校班级中开设棒球选项课或橄榄球选项课，让学生学习西方国家的体育项目，有助于学生出国学习期间的锻炼和交流，对他们来说，棒球或橄榄球的学习就是有效的；而对于一些少数民族地区的学生来说，民族传统体育项目则可能更有趣、更有效一些。

总而言之，体育学习内容的选用，既要考虑学生的年龄特征，又要考虑学生的生活实践；既要考虑到学校的现实条件，又要考虑到学生的传统文化；既要考虑到运动技能教学的有效性，又要考虑到全面实现体育课程目标的有效性。

（三）熟练把握运动技能教学的基本规律

运动技能形成与发展的规律是体育教学必须遵循的重要规律之一，只有熟练把握运动技能教学的基本规律，才能切实提高体育教学的有效性。通常认为，运动技能的形成与发展包括三个阶段，即体验尝试阶段、改进提高阶段、建立动力定型阶段。在运动技能形成与发展的三个阶段，学生有着不同的心理活动特征和动作表现，教师需要根据实际情况设定适宜的学习目标并选用恰当的教学方法，具体如表 5-2 所示。

表 5-2　运动技能教学分解表

	心理活动特征	动作表现	主要学习目标	教学要点
体验尝试阶段	大脑皮质神经活动处于泛化阶段，内抑制力较弱，活动中主要依靠视觉控制调节动作	动作的准确性、灵活性差，经常出现多余的、错误的动作，动作表现为慌乱、呆滞、不协调；学生对运动中的错误动作或正确之处不能作自我分析	在教师有效指导下，通过体验和尝试，建立正确的动作概念和动作表象	强调教师主导作用，讲解简明扼要，动作示范准确优美，充分调动学生学习的积极性，有效地引导学生进行体验和尝试
改进提高阶段	大脑皮质神经活动逐渐形成分化性抑制，兴奋和抑制过程的转化，在时间上显示为合理而有规律的，在空间上也趋于准确	运动中的紧张、慌乱现象，多余、错误动作逐渐消除。学生在完成一项运动动作之后，自己已能对动作完成的质量和正确与错误之处进行分析评估，并在下次练习中改进	经过分解和完整的反复练习，不断提高运动技能水平，初步形成运动技能	教师主导与学生主体相结合，精讲多练，强化练习的重复性和规范性，帮助学生形成正确的本体感受，强化运动记忆
建立动力定型阶段	大脑皮质内兴奋与抑制过程更加集中，神经运动过程更为精确，运动技巧达到"自动化"程度	动作精确熟练，轻松协调，能充分表现人体动态的美；学生能对自己或他人完成动作的质量进行适当的评价	通过反复练习，不断地巩固运动技能，逐步建立动力定型，最后上升为运动技巧	注重学生的自主体验，通过变换练习方式及游戏法与竞赛法的运用，不断改进和提高动作质量，体验成功的乐趣

　　运动技能的学习和掌握具有较强的复杂性，在学生学习和掌握运动技能的每个阶段，教师都要恰当地使用引导、表扬、激励、批评等方式和方法，及时地反馈给学生运动技能学习过程中所出现的各种信息，激励学生学好运动技能，使不同水平、不同层次的学生学有所得，学有所乐，也使学生及时对自己的学习进程进行调整，提高自我学习、掌握运动技能的能力。从运动技能形成与发展的规律来看，运动技能的学习和掌握需要反复

进行大量的练习，以加深学生的本体感受，最终形成动力定型。当然，上述运动技能形成与发展阶段的划分，是相对同一运动技能而言的，不同运动技能的形成与发展所需要的时间是不一样的，动作难度大、比较复杂的运动技能所需要的时间相对长一些，反之，则短一些。此外，学生学习和掌握运动技能的进程也存在个体差异，有的学生学得快一些，而有的学生则可能慢一些。因此，教师要善于分析运动技能的特点和学生的实际情况，以切实提高运动技能教学的有效性。

二、重视体育学习方式选用的针对性和实效性

（一）要从教学对象的主体条件出发

新课程倡导学习方式的多样化是一个宏观且略显抽象的概念，在实际的运用过程中却要面对十分具体的教学对象。因材施教的教学原则指的就是要从学生的实际出发，根据不同对象的具体情况，采取不同的方法，进行不同的教育，从而促进每个学生都能在各自原有的基础上得到充分的发展。

（二）要善于有针对性地选用学习方式

新课程倡导的自主学习、探究学习和合作学习，以"发扬教学民主，着重培养学生的能力、陶冶学生的情感和促进学生人际交往和社会性提高"为出发点，是针对"单纯以运动技术传授为主体的教学方法"的补充和修正。在选用体育学习方式的过程中，要根据学习目标进行理性的分析和选择，因为不同的学习方式对于实现不同的学习目标具有不同的作用，这也正是新课程提出的"要以目标的达成统领教学内容和学习方式的选择"的依据所在。要避免错用和滥用新的学习方式的倾向，要把"各地、各校和教师，以选择多种不同的内容、采用多种不同的形式和方法去达成课程学习目标"的精神落实到日常的课堂教学中。

三、全面践行体育教学模式的五大关键行为

美国学者加里·D.鲍里奇在他的著作《有效教学方法》中归纳了促成有效教学的五种关键行为，即：第一，清晰授课；第二，多样化教学；第三，任务导向；第四，引导学生投入学习过程；第五，确保学生成功

率。[①]他在该著作中还进一步阐释了每一种关键行为在教学活动中的具体表现。表 5-3 是根据鲍里奇著作中的主要观点进行整理的，表 5-3 中所陈列的五大关键行为及其教学表现也是实施体育教学需要全面践行的。

表 5-3　有效教学五大关键行为的教学表现

教学方式	自主学习	合作学习	探究学习
运用目的	通过建立学生的"自我学习目标"和有意地安排一段"自我练习时间"让学生独立自主地学习	通过建立学生共同拥有的学习课题，建立适合学生交流的学习形态，促进学生在互帮互学中共同提高	让学生通过探究性学习过程对某些难题进行理解，并通过典型的探究过程帮助学生学会学习
优点	有利于学生进行适合于个性特点的学习，培养学生的主体性和思维能力	有利于学生之间的相互交流和取长补短，培养学生的社会性和集体性	有利于学生认识学习的过程，培养学生发现问题和解决问题的能力
缺点	教学不容易组织，要求学生有很强的自觉性和学习能力，安全方面有一定的隐患	学习效率不太高，要求有很好的集体基础。对教师的教学能力有很高的要求	学习效率不高，不可多用，对教材的加工和教师的教学能力有很高的要求
适用对象	掌握了一定基础技能、明确了学习目标、有一定学习自觉性的学生	已经形成了一定集体意识和具有交流意识的学生	具有一定知识基础、有一定发现和归纳问题能力的学生
适用教材	难度不大、以练习为主、比较安全的教材	集体性项目，或需要集体进行学习、有一定深度的个人性项目教材	有典型意义和学习深度（通常是有一连串问题）的教材

四、把有效教学理念真正落实到体育教学过程中

体育新课程在课程理念、课程内容的呈现形式及教学方式的选用等方面发生了显著变化。这些变化在给体育教师创造性地开展体育教学提供广阔舞台的同时，也给体育教师的有效教学造成了困惑。一方面，体育教师

[①] 加里·D. 鲍里奇著；易东平译. 有效教学方法[M]. 南京：江苏科学出版社，2002：8.

需要从新课程的视角重新审视体育教学的有效性，因为传统教学理念下的有效体育教学在新课程的视阈中不一定是有效的；另一方面，体育教师需要详尽地分析本校的体育教学资源和学生的体育学习需求，独创性地设计体育教学过程。

第六章 核心素养驱动下普通高校体育课程目标的实现策略

第一节 以核心素养为导向，调整教学设计

体育教学设计是依据体育教学目标和教学诸要素对某个教学过程进行最优化计划工作。体育学科核心素养作为体育教学的总目标，领导体育教学目标的制定。因此，本部分将讨论在体育学科核心素养导向下，通过调整教学设计，分析教学目标、教学内容、教学方法、教学评价等诸教学要素来促使学生达成预期学习结果，最终实现普通高校体育教学目标，从而实现大学生的体育学科核心素养的培养。

一、优化普通高校体育教学设计

体育学科核心素养的提出旨在落实立德树人。因此在普通高校体育教学设计中需要强调育人的理念。在普通高校体育教学设计中，将育人理念贯穿于教学内容、教学方法、教学评价等重要的环节中去。本部分以学时体育教学设计——原地单手肩上投篮为例。将体育学科核心素养落实到普通高校体育教学设计中去。如表 6-1 所示。

表 6-1　体育学科核心素养视角的普通高校学时体育教学设计

阶段	达成目标	学习内容	教学方法	评价标准
情境导入	1.以景激情，培养学生良好的纪律作风和朝气蓬勃集体主义精神（良好的体育品德） 2.熟练掌握运动损伤知识（健康科学的体育行为） 3.提高肌肉、关节和心血管系统对活动状态的适应性（运动能力和健康行为）	1.课堂常规、情境导入本课的内容 2.安全教育：课堂纪律教育、运动损伤教育、运动健康管理知识教育 3.准备活动	1.情景教学法 2.讲授法 3.练习法	1.集队快、静、齐，认真听讲、积极参与问题回答体验 2.准确说出两个以上运动损伤防治方法和举例说明健康饮水管理方法 3.完成老师准备的热身活动，并自己设计准备 1 套以上的热身活动

续表

阶段	达成目标	学习内容	教学方法	评价标准
展示自我	1.老师讲解示范，学生认真听讲、注意观察，不说话（体育品德） 2.提高原地单手肩上投篮动作的质量（运动能力） 3.准确说出动作要领（运动能力）	1.老师讲解示范动作要领，整体讲解示范和分解讲解示范 2.学生徒手模仿练习，老师带领学生徒手练习	1.讲解示范法 2.练习法	1.认真听讲、认真观察、不说话 2.徒手练习若干组，动作逐步标准化 3.正确说出动作基本要领
技能学习	1.培养学生协作精神，认识角色任务（体育品德） 2.提高学生原地单手肩上投篮动作的质量，培养学生自主学习（运动能力） 3.激发学生自主创新精神，学会与他人合作，体验活动的乐趣，培养活泼、开朗的个性，增进同学间的友谊（体育品德）	1.两人一组，对投练习 2.组分场地：每人一球定点投篮练习；5点投篮练习； 3.两人一组，两点移动投篮练习，或自创两个以上技术衔接投篮练习 4.五人一组：三传二抢投篮游戏	1.分组教学 2.实践练习 3.启发式教学 4.个别教学 5.游戏教学法	1.两人配合默契，投篮技术准确 2.分组分场地投篮命中率根据个人情况而定，基本标准10投8中 3.两点移动投篮动作衔接连贯，投篮命中率根据个人情况而定，基本标准10投8中；自创两个以上技术衔接投篮练习（只针对个别学生要求）与同伴配合　默契
放松总结	1.在愉悦的氛围中拉伸放松（体育品德） 2.学习效果提升（运动能力）	1.放松活动 2.学习评价	1.练习法 2.谈话法 3.讨论法	1.积极放松消除疲劳 2.正确评价学习情况 3.师生再见，收还器材等

　　总的来看，以体育学科核心素养进行教学设计，是普通高校体育教学目标实现的前提。在进行普通高校体育教学设计时应坚持普通高校体育教学设计的科学性与可行性，应考虑普通高校体育教学的课程设置特点，根据普通高校体育课程教学要求，结合教学实践中的优秀成果与经验，将体育学科核心素养通过教学设计体现在必修和选修的教学项目中去。将体育学科核心素养通过教学设计融入比赛活动中去，通过引导学生组织参与体育比赛，提高学生的规则意识、赛事欣赏能力等。坚持普通高校体育教学设计的延续性与适度性。

二、 明确普通高校体育教学目标

体育教学目标是根据体育学科功能在不同的社会和不同的历史阶段进行不同的体育价值取向后的行为效果取向，会随着社会的变化与发展产生相应的变化。体育学科核心素养是核心素养在体育学科的具体化，是新时代对体育学科培养人才的具体要求。

因此，体育学科核心素养是制定普通高校体育教学目标的总依据。而要制定清晰和完整的体育教学目标，必须遵守四个基本原则，包括"目标在体育教学场景中原则""目标包含努力因素原则""目标的可选择性原则"和"目标依托体育教材原则"。体育教学目标的基本要素，包括课题、条件、评价标准。

根据体育教学目标有不同的层次。在制定不同层次的体育教学目标时，首先要了解不同层次体育教学目标在体育学科核心素养运动能力、健康行为、体育品德三方面的教学任务（要做什么），然后进行分解，使教学任务具体化。见表6-2所示。

表6-2　体育学科核心素养落实到教学目标中

学段目标	学年目标	学期目标	单元目标	课时目标
运动能力	运动能力	运动能力	运动能力	运动能力
健康行为	健康行为	健康行为	健康行为	健康行为
体育品德	体育品德	体育品德	体育品德	体育品德

再确定教学内容，列出教学要点和重点。然后在研究学生以及班级学习情况的基础上，对教学任务、教学要点和重点进行适当调整，拟定预期要达到的教学效果，制定具体的体育教学目标。使体育学科核心素养具体化、细化，保持教学目标的一致性，减少教学目标出现脱节、交叉、错位等现象。

三、 选择普通高校体育教学内容

体育教学目标制定遵循的四个基本原则之一的"目标依托体育教材原则"，以及如何写体育教学目标的三个基本要素之一的"课题"，目标中要学习和掌握的运动技术，如"原地单手肩上投篮"就是课题，即体育教学内容。体育学科核心素养作为体育教学总目标，引领体育教学目标制定。体育教学内容是学生实现教学目标的载体。普通高校体育教学目标的实现过程中将自主参与体育活动的能力、保持并传递健康生活方式的能力、将体育精神融入生活的能力融入教学内容中去。

关于在教学内容的选择上，依据体育学科核心素养的理念，结合学生需求、运动水平和学校的实际情况，选择有利于提高学生运动能力、健康行为和体育品德的内容。以大一学生的篮球教学为例，将体育学科核心素养落实到普通高校体育教学内容去。如表 6-3 所示。

表 6-3 体育学科核心素养视角的普通高校体育教学内容

一级指标	二级指标	教学内容
运动能力	体能	脚蹬地后的全身协调用力、球出手时手指手腕协调用力 不同投篮距离，食指、中指拨球的力，所需拨球的力 运动能不同的投篮距离，所需球出手的速度（不同数值） 在两点移动中，与同伴合作，准确地接球、投篮，并不走步 在持球、球出手时，手腕前屈、后仰的柔韧度
	运动技能	熟练掌握单手持球动作，形成动作定型 学会原地单手肩上投篮动作，形成动作定型 能够在与其他动作衔接中完成原地单手肩上投篮 根据目标程序及相应的练习方法，制定个人训练方案
	运动认知	在情境教学中欣赏原地单手肩上投篮的动作要领 学生能讲解原地单手肩上投篮动作要领、目标程序及对应练习方法 将球投向天空，自投自接观察球的旋转，体会手指指端拨球动作 说出原地单手投篮技术动作在篮球比赛中的作用
健康行为	体育锻炼	体育锻炼在体育课堂教学中积极参与课堂体育练习，并积极展示或回答健康知识问答
	健康知识	掌握运动损伤的防治知识
	健康管理	健康管理学会体育运动中怎么样补水、补能量 通过体育课教学后，懂得怎么样合理安排运动，知道怎样安排自己的运动时间
体育品德	体育品格	在原地单手肩上投篮游戏教学中，正确对待胜负，做到胜不骄、败不馁；与同组同伴一起，完成游戏或与其他技术动作的迅速衔接中，处理好个人与自己、与他人、与教学环境之间关系。
	体育精神	与同伴或者老师一起，寻找三种以上能在原地单手肩上投篮中克服全身配合不协调的方法
	体育道德	老师在对全班讲解和示范时，注意听讲，认真观察，不讲话 游戏中尊重对手，遵守规则

首先，在运动能力培养方面，综合考虑学生运动水平和体育项目特点，鼓励学生自主积极地锻炼身体，掌握运动项目的技术。

其次，在健康行为培养方面，教师应从损伤预防和处理、器材使用规范等方面，树立学生健康意识，让学生掌握促进健康的方式方法。

最后，在体育品德培养方面中，以女排精神为例向学生传达体育精神的坚持不懈等，并向学生强调尊重规则、尊重裁判和尊重对手等，深化学生对体育品德的理解，达到体育学科素养对学生的具体要求。

与此同时，重视第二课堂的教育，通过课后练习、体育比赛等实现课内外结合，促进学生体育学科核心素养的培养。

四、改进普通高校体育教学方法

如何保证普通高校体育教学目标的有效实现，培养学生的体育学科核心素养，除了教学内容契合体育学科核心素养外，教学方法的选择也不容忽视。教学方法是为了完成教学任务，达成教学目标，教师组织学生进行专门内容的学习而采用的办法。

而教学方法的选择和运用受教学目标、教学任务、教学内容、学生年龄特征、教学手段、教学环境、教师特点等因素的影响。体育学科核心素养是体育教学目标的总目标，体育教学目标引领着体育教学方法的选择和运用。因此，体育学科核心素养是改进普通高校体育教学方法的强有力依据。

五、升级普通高校体育教学评价

教学评价是指依据教学目标，使用一定的标准对教学活动及其结果进行测量、分析和评定的过程。体育学科核心素养是体育教学目标的总目标，体育教学目标是体育教学评价的依据。即体育学科核心素养是体育教学评价的重要依据。

在体育教学评价中，判断体育教学工作的效果是否实现教学目标，进而发现问题，找出差距，为教师的教、学生的学提供依据，而衡量教学效果对教学目标的达成度，实际上是给师生一个具体奋斗目标和要求，左右着师生努力的方向，建立互动反馈系统，给师生双方反思的时间，是实现体育教学目标的有效途径。因此，在普通高校体育教学目标的实现过程中，要将体育学科核心素养融入体育教学评价，改善体育教学评价标准和手段，升级普通高校体育教学评价，最终实现体育学科育人目标，促进学生全面健康发展。

在普通高校体育教学评价方面，具体建议如下：

第一，评价内容以体育学科核心素养的构成要素为主要框架，作为评价内容的主要组成部分，依据体育学科核心素养的构成要素制定对应的评价体系。评价内容的重点放在是否促进学生提高自主参与体育活动的能力、保持并传递健康生活方式的能力、将体育精神融入生活的能力等三个方面。

第二，评价方式采用自我评价、教师评价与他人评价的三种方式，全方位地了解普通高校体育教学目标的实现情况。

第三，评价手段可以通过手机APP进行实时监测健康行为，教师通过平时课程练习和最终考核成绩评价学生的学习程度，通过建立网上社群实现多人互相监督，互相评价等评价手段。

第四，评价类型，可以根据不同的分类标准和评价要求进行评价。

第二节　完善保障机制，落实体育学科素养教育

一、完善法律制度，落实体育学科核心素养

（一）加强学校体育制度建设，提供法律制度保障

法律制度是学校体育工作的制度保障。加强普通高校体育制度建设，规范普通高校体育工作，促进普通高校体育管理工作制度化建设。通过加强学校体育制度建设，提供法律制度保障，保证体育教师的工资待遇，设置体育损伤责任制度，为普通高校体育教学的开展提供良好的制度环境，促进普通高校体育教学目标的实现。

（二）理顺机构权责职能，改善普通高校体育管理

学校体育管理机制包括学校体育管理的机构设置、权限划分、运行机制等，是实现学校体育目标的组织保证。在普通高校体育教学目标实现过程中，应充分优化机构设置，明确职责划分，理顺运行机制，避免出现多重管理等现象，减少不必要的办事流程，提高学校体育管理工作

的效率。

处理好学校各部门和体育部门之间的关系，保证体育教学的时间、设施和场地，保证体育教学目标的实现。

处理好学校和教师的关系，根据体育教学目标，调整教师的考核激励机制。

处理好教师和学生之间的关系，保证普通高校体育教学目标的最终达成。学校要建立健全相应的工作机制，对体育教师进行督导评估，定期发布督导报告。

二、加强学校制度建设，优化体育学科核心素养教育

（一）构建科学的体育教学评价机制

将体育评价内容多元化，不仅关注学生的体育成绩，还应当纳入学生的体育爱好、体育参与度、体育精神等方面，从而更全面地了解学生的体育表现。

采用多种评价方式，如教师评价、学生自评、同学评价、社区评价等，从而更客观、全面地了解学生的体育表现。

建立激励机制：通过建立激励机制，如设立体育奖学金、体育荣誉称号等，激励学生积极参与体育活动，提高自己的体育水平。

强化课程评价：将体育课程评价纳入学校整体评价机制中，对体育课程进行全面、客观的评价，从而更好地促进体育学科的发展。

强化教师评价：对体育教师进行全面、客观的评价，从而更好地提高体育教师的教学水平，促进体育学科的发展。

（二）完善高校物质支持机制

普通高校体育教学目标的实现离不开资金、技术和人才的强有力支持。资金、技术和人才是实现普通高校体育教学目标的关键要素。

首先，体育场地建设、器材和设施购买、体育人才的教育培训，都需要大量的资金保证，建议政府等相关部门为高校提供强力的资金支持，实施财政拨款、税收减免、融资优惠等政策，促进普通高校体育教学目标的实现。

其次，普通高校体育教学需要技术支持，提高普通高校体育教学的效

率，促进普通高校体育教学目标的有效实现。普通高校体育教学通过构建网络平台，既可以发挥网络交流便捷、效率、及时的优势，又可以拓展体育课堂，延伸教育教学的时间与空间，使得教师、学生、家长和社会之间能够建立有效沟通，有利于提高体育教学的效率、调动学生学习的自主性与积极性，从而更好更快地实现普通高校体育教学目标。

最后，实现普通高校体育教学目标需要人才资源的保证。名师出高徒，吸引优秀的体育教师加入到体育教学队伍中来，提高体育教学的质量，促成普通高校体育教学目标的实现。

通过人才引进等方式吸引体育教师的加入，同时重视培养青年体育教师，打造优秀的体育教师队伍。

第三节　优化教学环境，保证体育核心素养教育

一、改善普通高校体育物质环境

体育场地、器材和设施是重要的体育物质环境。普通高校体育教学活动的开展离不开它们，其好坏直接影响到普通高校体育教学目标的实现。根据体育学科核心素养的要求，为体育教师配备必要的教学装备，以满足教学的需要。

体育场地设施的建设要遵循五大原则，即器材安全化、设计特色化、安装实用性、布局合理性、建筑绿色化。

同时体育场地、器材和设施的选择，应充分考虑学生的锻炼需求、教师的教学要求和学校的现实情况，为普通高校体育教学目标的实现提供必要的物质保证。

二、重视普通高校体育心理环境

学校体育心理环境设计是一种看不见摸不着的无形环境，包括学校体育传统与风气的设计、体育教学心理气氛的设计、体育教学良好人际关系的设计和教师仪态的设计等方面。

通过学校心理环境设计，将体育学科核心素养的观念深入人心，在学

校随处可见，人人皆知，有助于体育学科核心素养的培养。与此同时，通过改善教师的指导作风，建立和谐的师生关系，为普通高校体育教学目标的形成提供了一个良好的软环境。

参 考 文 献

[1] 孙丽萍. 新时代高校体育教学理论探索与实务研究[M]. 长春：吉林大学出版社，2022.

[2] 黄彦军. 体育教育学科核心素养提升读本[M]. 广州：广东高等教育出版社，2021.

[3] 董翠香，田来，杨清风. 核心素养导向的体育与健康教学设计[M]. 上海：上海教育出版社，2020.

[4] 邓映民. 核心素养导向的中学特色体育校本课程开发与实践[M]. 长沙：中南大学出版社，2021.

[5] 高立群，王卫华，郑松玲. 素质教育视域下大学生体育教学改革研究[M]. 长春：吉林人民出版社，2019.

[6] 谷茂恒，姜武成. 高校体育教学评价体系的构建[M]. 北京：航空工业出版社，2019.

[7] 蒋明建，左茜颖，何华. 高校体育教学体系的建设与发展[M]. 长春：吉林大学出版社，2020.

[8] 李慧. 高校体育教学改革与科学化训练研究[M]. 沈阳：辽宁大学出版社，2021.

[9] 李进文. 高校体育教学与体育文化融合发展研究[M]. 北京：中国原子能出版传媒有限公司，2021.

[10] 林薇，王奕帆. 高校体育与学生发展核心素养研究[M]. 北京：人民日报出版社，2021.

[11] 刘景堂. 高校体育教学改革研究[M]. 北京：中国纺织出版社，2019.

[12] 刘满. 现代高校体育健康教学理论与发展新探[M]. 北京：北京工业大学出版社，2021.

[13] 潘建芬. 体育教师核心素养论[M]. 北京：北京体育大学出版社，2018.

[14] 施久铭. 核心素养的中国实践[M]. 上海：华东师范大学出版社，2019.

[15] 舒佳. 核心素养视域下的学校体育教学研究[M]. 天津：天津社会科学院出版社，2021.

[16] 温正义. 高校体育教学与大学生体育实践能力培养研究[M]. 北京：北京工业大学出版社，2021.

[17] 吴广，冯强，冯聪. 高校体育管理体制与教学改革研究[M]. 北京：

研究出版社，2020.

[18] 夏越. 现代高校体育教学研究[M]. 北京：北京理工大学出版社，2019.

[19] 谢宾，王新光，时春梅. 高校体育教学与运动训练研究[M]. 长春：吉林人民出版社，2021.

[20] 辛利. 体育课程教学理论与方法[M]. 广州：广东高等教育出版社，2019.

[21] 尹志华. 体育学科核心素养的解构与阐释[M]. 上海：华东师范大学出版社，2021.

[22] 张京杭. 高校体育教学方法实践探索[M]. 北京：现代出版社，2019.

[23] 赵富学. 中国学生体育学科核心素养研究[M]. 北京：人民出版社，2020.

[24] 赵惠. 新时代背景下体育学科核心素养的内涵及构建路径研究[M]. 长春：东北师范大学出版社，2020.

[25] 李文萱. 聚焦学科核心素养的课堂教学[M]. 上海：华东师范大学出版社，2018.

[26] 苏芸，刘燕. 学科核心素养的养成[M]. 福州：海峡文艺出版社，2017.

[27] 赵卫新. 基于核心素养的体育与健康校本课程建设[M]. 南京：江苏凤凰教育出版社，2017.

[28] 陈志丹. 体育教师专业发展的实然分析与应然研究[M]. 北京：科学技术文献出版社，2017.

[29] 王崇喜. 体育课程与教学改革研究[M]. 郑州：河南大学出版社，2014.

[30] 尚力沛，程传银. 基于学科核心素养的体育学习情境：创设、生成与评价[J]. 沈阳体育学院学报，2019（2）：8.

[31] 尹志华，孙铭珠，孟涵，田恒行，郭振，刘波. 新时代核心素养导向体育课程改革的缘由，需求机理与推进策略[J]. 沈阳体育学院学报，2022（4）：22—28.

[32] 张震伟. 基于核心素养的体育课堂教学之"转变"[J]. 启迪：教育教学版，2020（6）：72—73.

[33] 谭分全. 大学生体育核心素养培养的影响因素及优化路径[J]. 体育科技文献通报，2019（12）：3.

[34] 李文江. 对体育核心素养细化为体育课堂教学目标的思考[J]. 体育教学，2020（1）：6.

[35] 吴桥，刘桂云. 指向学科核心素养的体育教学大单元建构[J]. 教育理

论与实践，2020（23）：3.

[36] 丛晨，杨伟群，杨光. 基于核心素养的体育课堂教学探索[J]. 体育科技文献通报，2019（8）：3.

[37] 谭分全. 大学生体育核心素养培养的影响因素及优化路径[J]. 2021（12）：21—22.

[38] 刘子仪. 大学体育核心素养课堂教学研究[J]. 成功，2021（7）：1.

[39] 展利民，许金芝. 大学体育核心素养结构研究[J]. 山东体育科技，2019（6）：4.

[40] 余阳. 青少年体育核心素养的培养路径探索[J]. 长江工程职业技术学院学报，2022（3）：4.

[41] 余新畅，王焰钢. 大学生体育核心素养培养对策[J]. 体育视野，2022（4）：3.

[42] 林永宏. 基于核心素养的体育课堂教学评价策略探究[J]. 成才之路，2023（6）：4.

[43] 黄艳艳，蔡建光. 基于核心素养的体育课堂深度教学的现实诉求与实践路径[J]. 牡丹江教育学院学报，2022（2）：80—82.

[44] 沈锋. 基于学科核心素养的体育课程设计策略研究[J]. 青少年体育，2022（8）：95-97.

[45] 庆贺琴，杨依顺. 基于核心素养的体育教学评价改革路径研究[J]. 体育科技，2022（2）：80—82.

[46] 刘革平. 基于核心素养下体育与健康课程的实施研究[J]. 新课程教学：电子版，2022（21）：6—7.

[47] 陆芳芳，王柯. 基于核心素养下体育教育专业学生职业能力培养研究[J]. 中国科技期刊数据库科研，2022（12）：4.

[48] 王作舟，蔡文永，李鹏. 新课标开启新时代核心素养体育教育[J]. 中文科技期刊数据库（全文版）教育科学，2022（7）：3.